목자, 목사

The Minister as shepherd
by Charles E. Jefferson

Copyright ⓒ 2006
Scripture quotations are largely from the American Standard Version(1901) of the Bible, though the author at times paraphrases.

All rights reserved

This edition is published by special arrangement with
CLC MINISTRIES INTERNATIONAL

Korean Edition Copyright ⓒ 2009 by Timothy Publishing House, Inc.,
6F Paidion Bldg., 1164-21 Gaepo-dong, Gangnam-gu Seoul, Republic of Korea

이 책의 한국어판 저작권은 CLC Ministries International과 독점 계약한 (주)도서출판 디모데에 있습니다. 신 저작권법에 의하여 한국 내에서 보호를 받는 저작물이므로 무단 전재와 무단 복제를 금합니다.

※본문의 성경은 한글개역개정을 사용하였습니다.

| 차 례 |

서문 · 5

1장　성경과 역사를 통해 본 목자의 정의 · 9

2장　목자의 임무 · 45

3장　목자에게 주어진 기회 · 81

4장　목자에게 다가오는 유혹 · 119

5장　목자에게 주어지는 상급 · 157

서문

● 이 책은 내 서가에 있는 책들 중에서 해가 바뀔 때마다 다시 한 번씩 읽으려고 노력하는 십여 권의 책 가운데 하나다. 이 책은 그만큼 내게 큰 유익을 준다. 이 책은 하나님이 세우신 목자로서 나의 특권과 의무를 잘 깨우쳐주며, 나로 하여금 하나님의 말씀을 선포하고 내게 주어진 양 떼를 더 잘 먹이기 원하는 마음을 심어준다.

이 책의 저자인 찰스 제퍼슨(Charles E. Jefferson)은 결코 연구실에만 틀어박혀 있던 설교자가 아니었다. 그는 뉴욕의 영향력 있는 교회인 브로드웨이 태버내클(Broadway Tabernacle)을 40년 가까이 목회했다. 그는 영감 넘치는 설교와 신실한 목회 사역을 결합하여 그 어려운 지역에서 강력한 증거를 세워나갔다. 그는 1937

년 숨을 거두면서 그동안 저술한 십여 권의 훌륭한 책을 남겼는데, 그 중에서 당신이 지금 손에 들고 있는 이 책이 가장 뛰어나다.

요즘 우리는 교회가 죽어가고 있으며, 교회가 '새로운 모습' 혹은 '새로운 메시지'를 얻지 않으면 완전히 사라지고 말 것이라는 우려의 소리를 듣고 있다. 제퍼슨은 자신을 둘러싼 변화에 눈을 감지 않고서, 곧바로 그에 대한 해답을 찾기 위해 성경으로 돌아갔다. 설교자로 하여금 목회자가 되게 하면 그가 이끄는 양 떼들은 스스로 강건해지고 그 수가 증가할 것이다. 이것은 어떤 속임수나 특별한 볼거리로 되는 것이 아니다. 다만 새롭게 하시는 생명의 말씀을 듣고 하나님의 백성들 사이를 출입하는 헌신된 하나님의 사람이 됨으로써 가능한 것이다.

이 강의는 1912년에 행해진 것이지만, 그 내용은 신선하며 충분히 시의적절하다. 왜냐하면 그것이 변함없는 하나님의 말씀에 근거하고 있기 때문이다. 인간의 본성은 그때나 지금이나 조금도 변하지 않았다! 그 당시와 마찬가지로 오늘날 도시에는 '목자 없는 양 떼'와 같은 사람들로 넘쳐나고 있다. 날로 증가하는 현대 사회의 소외와 고독은 목자의 마음을 갖고 있는 목회자에게 엄청난 기회를 제공해준다.

바라건대, 양들을 먹이시는 선한 목자이신 그분이 우리에게 은혜를 베푸셔서 우리 모두가 신실한 목자가 되고, 잃어버린 양들을 찾으며, 양 떼를 인도하여 먹이고, 귀한 어린 양들을 양육하며, 그들을 늑대로부터 보호하고, 그들이 하나님의 영광을 향해 성숙해 지도록 도와줄 수 있기를 간절히 기도한다.

워렌 위어스비(Warren Wiersbe)
무디 기념 교회 담임 목사
일리노이 주 시카고
1973년 1월

1장
성경과 역사를 통해 본 목자의 정의

●하나님의 아들이 임명한 외교관을 가리키기 위해 선택된 모든 호칭 가운데 '목자'란 말이야말로 가장 인기 있고, 가장 아름다우며, 가장 넉넉한 말이다. 감독(bishop), 장로(presbyter), 제사장(priest), 설교자(preacher), 성직자(clergyman), 사제(rector), 교구 목사(parson), 사역자(minister). 이 모든 호칭은 오랫동안 사용되어왔고, 어떤 것들은 아직도 사용되고 있지만, 그 가운데 '목자' 만큼이나 만족스럽고 충분한 호칭은 없다.

'감독'이라는 말은 이방 세계로부터 교회 안으로 유입된 것으로, 일찍부터 사역자들 가운데 특별한 직급을 가리키기 위해 사용되었다. 그래서 원래 갖고 있던 다양한 적용 범위를 상실했다. 주교란 말이 원래 갖고 있던 의미는 지휘하고 감독하는 사람을 말한다. 따라서, 모든 회중의 우두머리를 주교라 부르는 것은 정당하다. 그러나 오늘날 상황에서 그런 용례는 자칫 혼란을 가져올 수 있다.

'장로'는 유대교를 통해 교회 안으로 들어온 말이다. 유대인들과 이방인들이 살고 있는 세상의 모습은 모두 우리가 갖고 있는 신약성경 안에 반영되어 있기 때문에 장로와 감독 두 낱말은 성경 안에 나란히 등장한다. 처음에 장로와 감독은 하나의 동일한 관리자가 갖고 있는, 동일한 의미를 가진 호칭이었다. 그러나 시간이 지나면서 교회의 감독은 '감독'이라는 직함이 빠지고, 그 이름은 그 이후로 순전히 교구나 지역구의 수장에게만 붙게 되었다. 교회 회중들의 수장에게 붙는 이름인 '장로'에는 그 밖에도 노년이라는 개념이 수반된다. 유대 교회에서는 나이가 많은 사람만이 장로가 될 수 있었기 때문이다. 반면, 기독교회에서 나이는 어떤 직무를 위한 가장 중요한 자격 요건이나, 다른 사람들을 인도하기 위해 필수적으로 갖추어야 할 요소가 아니다. 영어 단어 'elder'를 뜻하는 장로라는 낱말은 크리스천의 사역 가운데 기본적인 부분을 강조하지 않는데, 이 말은 그가 부르심을 받은 사역이 아니라 그가 살아온 연수에 주목할 것을 요구한다.

'제사장'은 유대교와 이교로부터 빌려온 호칭으로, 이를 둘러싸고 수세기에 걸쳐 논쟁이 휘몰아쳤다. 많은 사람들이 제사장이라는 개념은 기독교와 거리가 먼 개념이며, 기독교회의 수장을 제사장이라고 부르는 것은 큰 해를 끼치는 일이라 주장해왔다. 예수님과 사도들 모두 이 말을 조심스럽게 회피했다는 것은 주목할 만한 일이다. 이 호칭은 오늘날 교회의 일부 분파나 종파에서만 사용되고 있다.

'설교자' 역시 종파적인 호칭으로, 설교가 그리스도의 전권 대사에게 하나님이 명하신 유일한 일이 아니라도 가장 중요한 일로 간주되는 기독교 세계에 한정되고 있다. 이런 호칭의 사용은 교회 수장의 임무는 주로 말씀을 전하는 일이며, 그는 말씀을 전할 때 자기가 맡은 임무 중 최고의 기능을 수행하고 있다는 의미를 담고 있다.

'성직자'는 다소 차가운 호칭으로, 우리의 시선을 그 사람의 인격이 아니라 그가 맡은 직무에 고정시켜준다.

'사제'는 많은 이들로부터 반발을 받는 호칭으로, 사실상 다스린다는 개념을 과장시키고, 독재적인 성향을 가진 교회 지도자가 하나님의 성도들 위에 군림하던 시절의 유쾌하지 못한 추억을 담고 있다.

'교구 목사'는 조지 허버트(George Herbert)*를 비롯한 많은 사람들이 선호하는 호칭으로, 현대 사회에서는 퇴색된 느낌을 주는

---

*1593-1633, 영국의 신부

말이다. 사람들이 사역자를 우스갯소리의 대상으로 삼을 때는 보통 자기가 더 우월하다는 듯 미소를 짓는 익숙한 악센트를 사용해 그를 '교구 목사'란 말로 부른다. '교구 목사(parson)'란 말은 사실 '사람(person)'이란 뜻이며, 교회의 대표자가 교구 안에서 위엄 있고 당당한 인물일 경우에 가장 어울리는 호칭으로 오랫동안 잊혀진 것이기도 하다. 요즘처럼 민주화된 사회에서 사역자가 강단에서 물러났을 때 '교구 목사'라는 호칭을 사용하는 것은 대개 거짓 존경심을 보내는 것이다. 교구 목사란 말은 일종의 우스갯소리가 되었다.

'사역자'는 일반적으로 지금까지 언급한 일곱 가지 호칭보다 더 폭넓고 적당한 것이지만, 반면에 국가 기관의 장을 가리킬 때 사용하는 장관(minister)이라는 말과 동일하다는 약점을 안고 있다. 그래서 어떤 사람이 'minister'라고 말했을 때 그 말만 가지고서는 교회의 사역자를 가리키는지, 아니면 정부의 장관을 가리키는지 듣는 사람이 분간할 수 없다. 그 호칭이 갖는 한 가지 제약이 이런 모호함이라면, 다른 하나는 차별성이 없다는 점이다. 그 말은 리더와 그를 따르는 사람들을 구분하지 않으며, 장군과 그가 이끄는 병사와의 사이에 선을 긋지 않는다. 그 말은 예수님을 따르는 모든 사람들을 부르기에 합당한 말이다. 종이 된다는 것은 그리스도인의 삶의 핵심이다. 모든 그리스도인은 사역자 혹은 종이다. '사역자'라고 말하는 것은 사실은 교회의 구성원 가운데 그 수만큼 많은 사역자가 있어야 함에도 오직 한 사람의 사역자가 있다는 의미를 전달하게 된다. 어떤 이는 만일 '사역자'란 호칭이 한 사람에게만 독점적으로 사용되지 않았다면, 교회 안의 성도들이 서로에 대해서뿐 아니라 공동체를 대상으로 사역하는 일에 더 열심을 내지 않았을까 하고 생각한다. 이 호칭을 특정한 사람에게만 배타적으로 사용하는 것은 목회자만이 교회 일을 할 의무가 있는 사람으로 간주하는 습관을 가진 나태한 교회 구성원들에게 정당성을 부여해주는 것처럼 보인다.

그러나 '목회자(pastor)'란 말의 실제적인 의미인 '목자(shepherd)'란 말을 사용하면 아무런 흠이나 왜곡, 혹은 그와 유사한 것들과 거리가 먼 호칭을 얻게 된다. 이것이야말로 수세기를 거치는 동안 원래의 의미를 전혀 상실하지 않고 한 점의 얼룩도 지지 않은 채로 남아 있는 낱말이다. 이것은 그리스도를 따르는 회중 전체가 소중히 여기고 존중하는 단 하나의 호칭이다. 그리스와 로마 그리고 영국의 공동체 안에서, 루터교와 개혁 교단과 다른 기독교 교단 안에서 '목회자'는 어느 누구의 감정도 상하게 하지 않는 말이다. 로마 가톨릭도 그 말을 좋아한다. 가톨릭에서도 성당을 맡고 있는 사제들은 '목회자(Pastor)'로 부른다. 영국 국교회도 그 말을 좋아한다. 그들은 자기 사제들을 '목회자'로 부른다. 보통 자기네 지도자들을 사역자와 설교자로 부르는 교회들도 그렇게 영광스러운 호칭을 버리지 않으려고 그들을 '목회자'라고 부른다. '목회자'는 온 세상이 알고 있는 말이다. 그리스도의 교회는 이 고대의 호칭 가운데서 아름답게 하나로 연합했다. 주님이 가르쳐주신 기도와 십계명과 함께 이 호칭은 그 어떤 그리스도인들도 버리지 않을 보물이다. 많은 귀중한 유산들이 철저하게 손상되었지만 이 호칭만은 아무런 손상도 입지 않고 남아 있다. 교회가 다시 하나로 연합하게 될 그때에, 의인들이 주님께 교회의 회중들을 인도하도록 의탁하신 주님의 종들을 어떤 이름으로 부르는 것이 좋을지 여쭈어본다면, 주님이 친히 "나는 선한 목자라"고 말씀하시면서 자신을 가리키기 위해 선택하신 이 말에 동의하지 않을 사람은 없을 것이다.

'목자'란 말이 갖고 있는 비밀스러운 매력 가운데 하나는 그것이 우리를 그리스도와 직접 연결시켜준다는 점이다. 그 호칭은 우리를 단숨에 그분과 결합시킨다. 신약이 말씀하고 있는 바에 의하면, 예수님은 한 번도 자신을 제사장이나 설교자, 혹은 사제나 성직자, 혹은 감독이나 장로로 부르신 적이 없으며, 다만 자신을 목자로 여기기 좋아하셨다. 목자라는 개념은 그분의 생각 가운데 자주 나타난다. 갈릴리에 모인 무리를 보셨을 때 예수님은 목자 없는 양 떼를 생각하셨다. 예수님은 자신이 오신 것은 이스라엘 집의 잃어버린 양을 찾아 구원하기 위함이라고 자주 말씀하셨다. 그분은 자기를 따르는 이들을 양으로 여기셨고, 그리고 멀리에, 역시 자기 양 떼인 다른 양들도 보셨다. "또 이 우리에 들지 아니한 다른 양들이 내게 있어 내가 인도하여야 할 터이니 그들도 내 음성을 듣고 한 무리가 되어 한 목자에게 있으리라"(요 10:16). 예수님은 자신이 장차 올 세상에서 자기 앞에 모인 열방과 함께 보좌에 앉아 계실 때에도 자신은 여전히 목자이며, 목자의 일을 하실 거라고 생각하셨다.

> 예수님은 한 번도 자신을 제사장이나 설교자, 혹은 사제나 성직자, 혹은 감독이나 장로로 부르신 적이 없으며, 다만 자신을 목자로 여기기 좋아하셨다.

히브리 민족의 초기 역사에서 '목자'란 낱말은 하나의 상징이었다. 양을 지키는 사람은 그들의 역사 초기에 가장 중요한 인물이었기 때문에 목자는 여호와의 가장 높은 종을 가리키는 하나의 형상, 곧 섬김에 관한 최고의 이상을 표현한 상징이 된다. 이 낱말을 중심으로 단편적인 기억들이 뭉쳐지면서 사람들은 그 낱말을 너무도 귀중한 의미와 연계시켰다. 제사장은 목자로 불렸고, 이것은 선지자도 마찬가지였으며, 마찬가지로 나중에 군주나 왕도 그렇게 불렸다. 높은 자리에 있는, 공적인 책임을 맡은 모든 사람은 '목자'라는 호칭으로 높임을 받았다. 그 모습은 너무도 아름답고 그 내용은 너무도 풍성했기 때문에, 이윽고 누군가 그 호칭을 하나님에게까지 적용시키게 되었다. 땅에 있는 왕과 군주, 제사장과 선지자들은 모두 목자 아래에 있는 사람들이며, 하늘에는 만인의 목자이신 여호와가 계신다. 한 천재적인 시인은 자기 민족에게 이렇게 노래하도록 가르쳤다. "여호와는 나의 목자시니 내게 부족함이 없으리로다"(시 23:1). 민족이 어려움에 처하고 재난이 닥치면 성도들은 이렇게 부르짖었다. "요셉을 양 떼같이 인도하시는 이스라엘의 목자여 귀를 기울이소서"(시 80:1). 사람들은 감히 하나님을 자신들의 아버지로 생각하기에 앞서 자신들의 목자로 불렀다. 하나님의 목자 되심은 세상으로 하여금 하나님이 자기 아버지가 되신다는 개념으로 올라가는 빛나는 계단 가운데 하나다.

그러나 하늘에는 선한 목자가 계신 반면, 이 땅에는 선한 목자가 존재하지 않는다. 이스라엘의 모든 목자들은 결국에는 하나같이 실망만 안겨주었다. 그들은 자신들의 의무를 다하지 않았다. 그들은 양 떼를 먹이지 못했다. 그들은 양 떼를 지혜롭게 인도하지 못했다. 그들은 양 떼를 구해내지 못했다. 그러나 히브리인들은 절망하지 않았다. 그들은 장차 분명히 오실 이상적인 목자를 감히 꿈꾸었다. 그들에게는 메시아가 약속되었고, 그분은 목자가 되실 것이다. 그분은 양 떼를 인도하고 먹이고 구하실 것이다. 많은 세대를 거치면서 이스라엘 선각자들의 마음에 이 목자 되신 메시아의 모습이 짧은 순간이나마 스쳐 지나갔다. 그들은 그분의 모습이 자기 동포들의 망막 한가운데 각인되도록 생생하게 그려냈다. 그들은 나쁜 목자의 모습을 그릴 때에도 항상 또 다른 그림, 곧 선한 목자의 모습을 잊지 않았다. 그래서 그들은 자격 없는 왕을 비난하거나 신실하지 못한 제사장을 정죄하고자 할 때, 그를 하나님이 약속하신 목자와 비교했다. 이스라엘 민족의 정신을 유지시켜준 것은 바로 이 선한 목자상이었다. "그는 목자같이 양 떼를 먹이시며 어린 양을 그 팔로 모아 품에 안으시며 젖먹이는 암컷들을 온순히 인도하시리로다"(사 40:11). 그래서 그들은 목자이신 메시아를 성급하고 이기적이고 잔인한 목자들과 비교했던 것이다. 예수님은 이처럼 사랑 넘치는 목자의 모습을 마음에 품은 채 흥미진진한 기대감으로 차 있던 사람들에게 다음과 같이 말씀하셨다. "나는 선한 목자다. 도둑들과 강도들이 나보다 앞서 왔으며, 이들은 에스겔과 스가랴와 다른 이들이 말한 바로 그들이다. 그렇지만 나는 선한 목자다. 나는 모든 양들을 그 이름까지 알고 있다. 나는 모든 이들에게 안전과 자유와 삶에 필요한 모든 것을 준다. 나는 양들을 위해 내 목숨을 내어놓을 것이다." 예수님은 자신의 성품과 임무를 설명하기 위해 많은 비유를 사용하셨지만, 자신의 모습을 그리기 위해 가장 좋아하신 상징은 '목자'였다.

그분은 자신을 가리키기 위해 이 호칭을 선택하신 것과 마찬가지로 사도들 가운데 리더에게도 이 호칭을 부여하셨다. 베드로는 어부였기 때문에, 아마도 어부들이 사용하는 언어를 가장 잘 이해했을 것이다. 그렇지만 예수님은 바요나 시몬에게 마지막 책임을 맡기시면서 양우리에서 사용하는 용어만을 쓰셨다. "내 양을 먹이라, 내 양을 치라, 내 양을 먹이라"고 말씀하셨다. 이 말을 바꾸어 말하면 이런 것이다. "목자가 되라, 그리고 목자의 일을 하라." 양들의 위대한 목자이신 예수님은, 마지막 때에 교회의 지도자들을 안내하고 권면하기에 충분하다고 생각되는 책임을 부여하시면서 목자들의 용어로만 말씀하신 것이다. 교회의 역사는 예수님이 모든 민족을 제자로 삼는 일을 이끌어나갈 지도자에게 말씀하신 것과 함께 시작된다. "나는 목자이니 너 역시 목자가 되어라."

베드로는 그날 새벽 바닷가에서 주님이 자신에게 하신 말씀을 결코 잊지 않았다. 그후로 그는 자기 스승과 마찬가지로 목자의 시선으로 사람들을 보았다. 그는 자기가 회심으로 이끈 무리들에게 이렇게 말하고 있다. "너희가 전에는 양과 같이 길을 잃었더니 이제는 너희 영혼의 목자와 감독 되신 이에게 돌아왔느니라"(벧전 2:25). 베드로를 찾으시고, 그에게 자기 일을 맡기신 분은 바로 선한 목자셨다. 사도가 돌아오기를 그토록 기다리고 있는 분이 바로 그 선한 목자시다. 목자장 되신 주님은 다시 오실 것이다. 그래서 베드로는 교회 지도자들에게 이렇게 말했다. "맡은 자들에게 주장하는 자세를 하지 말고 오직 양 무리의 본이 되라 그리하면 목자장이 나타나실 때에 시들지 아니하는 영광의 관을 얻으리라"(벧전

5:3-4). 베드로는 위대한 감독자의 눈길을 통해서가 아니라, 잃어버린 자를 찾아 구원하는 것을 기뻐하시는 목자이신 예수님의 부드럽고 사랑스러운 시선 가운데 자신의 모든 일을 해냈다.

바울은 열두 제자 가운데 한 사람이 아니었다. 그는 예수님을 육체로 본 적은 없었지만 성령으로 말미암아 목자로서의 사명에 대한 개념을 그분께 직접 가르침 받았다. 바울은 베드로와 마찬가지로 자신을 목자로 생각하기 좋아했다. 그는 사랑에서 우러나온 걱정과 그들의 필요가 무엇인지 살피는 애정어린 목자의 눈으로 사람들을 바라보았다. 모든 교회는 그에게 하나의 양 떼이며, 교회를 책임지고 있는 사람들은 목자들이었다. 그는 에베소 교회의 일꾼들에게 목자의 언어로 이렇게 말했다. "여러분은 자기를 위하여 또는 온 양 떼를 위하여 삼가라 성령이 그들 가운데 여러분을 감독자로 삼고 하나님이 자기 피로 사신 교회를 보살피게 하셨느니라"(행 20:28).

그렇다면 이 목자 개념은 신약 세계 전체를 특징짓고, 그 분위기 전체에 스며들어 있으며, 그 피 가운데 흘러넘치고 있다고 말할 수 있다. 사도들에게 가르침을 받은 후대의 그리스도인들은 예수님을 선한 목자로 생각하도록 훈련을 받았고, 베드로와 바울에게 가르침을 받은 교회 지도자들은 그리스도의 양 떼를 먹이고 보살피는 목자가 되었다. 그 개념은 사도 시대를 지배했고, 신약에 기록된 축복 기도 가운데 아름답게 울려 퍼지고 있다. "양들의 큰 목자이신 우리 주 예수를 영원한 언약의 피로 죽은 자 가운데서 이끌어 내신 평강의 하나님이 모든 선한 일에 너희를 온전하게 하사 자기 뜻을 행하게 하시고 그 앞에 즐거운 것을 예수 그리스도로 말미암아 우리 가운데서 이루시기를 원하노라 영광이 그에게 세세무궁토록 있을지어다 아멘"(히 13:20-21).

> 만일 우리 삶의 목적이 그리스도를 닮는 것이라면, 우리는 목자와 같이 되어야 한다.

이것은 신약이 모든 그리스도인 일꾼들에게 선포하는 축도이며, 특별히 교회 사역을 섬기는 일에 자신을 바친 사람들에게 깊은 의미를 부여하고 있다. 하나님이 자신의 뜻을 행하도록 사람을 온전케 하신 것은 바로 양의 큰 목자를 통해서다. 하나님은 그들 가운데 목자로서의 마음가짐을 세우시고, 그들에게 목자의 솜씨를 부여하심으로써 그들이 하나님 보시기에 기뻐하시는 모든 선한 일을 할 수 있게 하셨다. 만일 우리 삶의 목적이 그리스도를 닮는 것이라면, 우리는 목자와 같이 되어야 한다. 만일 우리가 그리스도가 맡겨주신 사명을 완수하도록 부르심을 받았다면, 우리가 할 일은 바로 목자의 일이다. 만일 우리가 그리스도께 심판을 받아야 한다면, 그 심판의 날 사용될 기준은 목자의 기준이 될 것이다. 그리스도는 성부 하나님의 형상이시므로 하나님 그분은 곧 목자이신 하나님이시다. 그분을 영화롭게 하기 위해 우리는 반드시 목자의 일을 해야 하며, 그분을 영원토록 기뻐하기 위해 반드시 목자의 마음을 가져야만 한다.

신약 외에 사도 시대 이후에 기록된 책들 가운데 가장 먼저 손에 드는 책이 있는데, 그것은 존 번연(John Bunyan)의 「천로역정(Pilgrim's Progress)」이다. 그 책은 신약 정경과 같은 위치를 차지하면서 오랫 동안 교회에서 읽혀져왔고, 설교 안에서 인용되어왔다. 또 하나는 여러 기독교 서적들 가운데서 상세하게 설명되어 마치 진정한 성경의 일부인 양 생각되어져온 「허마의 목자(The Shepherd of Hermas)」라는 책이다. 그것은 특이한 내용이 담긴 작은 소책자로, 많은 이들은 그 책이 성경 가운데 포함되지 않은 것에 안도하고 있다. 그러나 그 책의 내용은 우리에게 많은 것을 시사해주는데, 재미있는 특징 하나는 허마가 자신의 교훈과 영감을 한 목자로부터 얻었다는 사실이다.

학자들은 가장 오래된 카타콤 안에서 가장 많이 보이는 기독교의 형상물은 목자의 모습이라고 말한다. 그 목자는 젊은이의 모습으로, 한 손에는 지팡이 혹은 목자들이 들고 다니는 피리를 들고 있으며, 그의 어깨에는 나머지 한 손으로 조심스럽게 붙들고 있는 어린 양이 올려져 있다. 그 목자 뒤에는 어떤 때에는 한 마리, 어떤 때에는 두 마리의 양이 따르고 있다. 그리고 그의 발 앞에는 다양한 자세를 취하고 있는 여러 마리의 양들이 있는 경우도 자주 있다. 초대 교회 교인들이 그들의 예배당이자 기도 굴의 벽에 즐겨 그렸던 그리고 죽은 이들의 묘비에 즐겨 새겼던 모습은 바로 목자였다. 그들은 최후의 만찬 성례전에 사용했던 포도주잔에 목자의 형상을 새겨 넣었다. 그리고 절기 때 사용한 유리 잔에 금으로 모양을 새겨 넣었고, 등잔에 장식해 넣었으며, 반지에도 새겨 넣고, 묘실 벽에 프레스코로 그려 넣었으며, 서판에 새겨 넣고, 석관에 조각해 넣었다. 또한 다른 수천 개의 묘비 위에서 그 모습을 찾아볼 수 있다. 목자는 그리스도인의 삶과 죽음을 상징하는 형상으로 가장 널리 사용되었다. 이를 통해 우리는 2세기 그리스도인들이 예수님을 어떻게 생각했는지 분명히 알 수 있다. 이 목자의 모습은 그들이 자신의 깊은 체험 가운데 그분을 어떻게 여기고 있었는지, 가장 엄숙한 시간에 그분이 자신을 어떤 모습으로 위로해주셨는지를 잘 보여주고 있다. 그들의 심장에서 피가 흐를 때 그들을 위로해준 것은 목자의 사랑이었다. 그들이 박해를 받고 죽어갈 때 그들을 붙들어준 것은 목자의 용기와 능력이었다. 기독교는 처음에 선한 목자의 종교였다.

2세기 사람들에게 세상의 구세주는 양을 지키는 사람이었다. 영국 국교회의 스탠리(Stanley) 주임 사제가 말한 것처럼 "선한 목자의 친절, 용기, 은혜, 사랑 그리고 아름다움은 그 자체가 그들에게 하나의 기도집이자 논문이며, 교의이자 법전이었다. 목자의 형상은 그들이 원하는 모든 것을 전해주었다. 시대가 흐르면서 선한 목자는 기독교 세계의 정신에서 잊혀져갔고, 다른 기독교 신앙의 상징이 그 자리를 차지했다. 인자하고 부드러운 목회자 대신에 전능하신 재판장, 혹은 십자가에 못 박히신 수난자, 혹은 어머니의 품에 안긴 아기, 혹은 떡을 떼고 계시는 스승, 혹은 무수한 성도와 천사들의 모습, 혹은 그 밖의 여러 가지 신학적 논쟁의 형태를 띠고 있는 정교한 설명들이 그 자리를 차지했다. 아타나시우스(Athanasius)나 제롬(Jerome)에게서 선한 목자를 암시하는 어떤 것도 찾아볼 수 없다. 토마스 아퀴나스(Thomas Aquinas)의 「신학대전(Summa Theologiae)」이나, 「트린덴틴 교리서(Trindentine catechism)」나, 「성공회 39개 신앙신조(Thirty-nine Articles)나, 「웨스트민스터 신앙고백서(Westminster Confession)」에서도 찾아볼 수 없다."*

교회 지도자들은 선한 목자의 형상을 잃어버리기 시작한 것과 동시에 신약의 이상적인 사역으로부터 떠밀려나기 시작했다. 그들은 조금씩 조금씩 양들의 선한 목자이신 예수님이 승인하시지 않은 방식을 따라 자신의 직무를 확장해나갔다. 그들은 피 없는 제사를 드리는 사제가 되었고, 율법과 훈련의 전문가가 되어 통치자의

---

*Arthur P. Stanley, Lectures on the History of the Eastern Church(London: John Murray, 1876), p. 283.

기능을 떠맡게 되었다. 그들은 독재자로 타락하였고, 자신을 하나님의 은혜를 맡은 유일한 관리인으로 자처하며 이 세상뿐 아니라 죽은 자들의 광활한 제국까지 다스린다고 주장했다. 교회는 하나님의 아들이 보낸 특사들이 목자 된 그들의 정체성을 망각하자마자 생명으로 인도하는 길을 잃어버리고 말았다. 목자가 제사장에게 삼키워지자 어둠이 땅을 덮었다.

  그러나 사람들은 한번 깨닫게 된 궁극적인 이상을 완전히 망각하지 않았다. 교회는 예수님이 목자 구세주시라는 믿음을 완전히 버리지 않았으며, 사역자들은 양들의 목자가 되어야 한다는 느낌을 포기하지 않았다. 목자 개념은 모든 사람의 마음에 호소하는 무언가를 지니고 있다. 많은 기계들과 상거래가 목자와 그의 양 떼를 압도하는 이 사회에서도 시편 가운데 가장 사랑받는 것은 여전히 목자 시편이다. 많은 사람들이 시편에 실린 그 어느 구절보다 "여호와는 나의 목자시니 내게 부족함이 없으리로다"는 구절을 더 많이 읽고 사랑한다. 양의 우리를 한 번도 경험해보지 못했고, 양이란 동물을 전혀 알지 못하는 수많은 이들이 이상하게도 잃어버린 한 마리 양을 찾아 길을 나선 목자에 대한 이야기에 감동을 받는다. 19세기 그리스도인들에게 생키(Sankey)가 전 세계를 돌아다니며 부른 '양 아흔아홉 마리는(There were ninety and nine that safely lay in the shelter of the fold)'이라는 찬송보다 더 심금을 울린 찬송이 있는가? 그리고 매 주일이면 회중들은 이렇게 노래한다.

선한 목자 되신 우리 주
항상 인도하시고
방초 동산 좋은 곳에서
우리 먹여줍소서.

그리고 이런 노래도 있다.

그분은 부드러이 찾으시네
죄로 약하고 지친 우리를
그리고 그 어깨에 우리를 매고
자기 우리로 다시 인도하시네.

또한 이런 노래도 있다.

내 목자는 사랑의 왕
그 선하심이 다함이 없네
그 안에서 내게 부족함 없고
그분은 영원히 내 목자시로다.

찬송가와 함께 기도 안에서도 목자라는 개념은 뿌리 깊게 박혀 있다. 수많은 심령이 이런 고백을 통해 마음의 위로를 얻는다. "우리는 길 잃은 양처럼 당신의 길에서 벗어나 길을 잃었습니다. 우리는 우리 마음의 생각과 소원을 너무 따랐습니다." 경건한 이들은 무의식 중에 이런 구절을 입에 떠올린다. "우리는 다 양 같아서 그릇 행하여 각기 제 길로 갔거늘 여호와께서는 우리 모두의 죄악을 그에게 담당시키셨도다"(사 53:6). 우리 안에 거하시는 성령님은 우리의 연약함을 도우사 이렇게 부르짖도록 가르치신다. "양의 큰 목자시여! 우리를 인도하시고, 먹이시고, 구원하소서. 영원토록!"

유럽에서 유명한 미술관을 조금만 둘러보면 목자라는 개념이 화가들에게 어떤 인상을 심어주었는지 금방 알 수 있다. 회화의 대가들은 예수님을 목자로 그리기를 즐겨했다. 그 그림이 어떤 모습을 보여주든, 우리의 시선은 그것에 빨려들고 우리의 마음은 힘을 얻는다. 사람의 마음은 양의 마음과 같아서 목자를 보면 가슴이 뛴다.

목자라는 개념은 기독교 문학에도 깊은 영향을 미쳤다. 그래서 우리가 생각하는 것 이상으로 교회의 언어뿐 아니라 사고방식에 많은 영향을 끼쳤다. 우리는 목회 서신을 언급하지 않는가? 그리고 모든 신학교에는 목회 신학이라는 강좌가 있지 않은가? 그리고 교회 서품식에는 목회 감독직이 있지 않은가? 목자 개념은 항상 우리 곁에 있고, 우리를 따라다니며, 우리에게서 떨어지지 않으려 한다. 이것은 주님이 하신 일이며, 우리에게 엄청난 것이 분명하다. 복

있는 사람은 그 의미를 깊이 생각하며 그 개념이 가르치는 것을 기꺼이 받아들이는 사람이다. 우리는 앵글로색슨족의 언어인 '목자(shepherd)'를 들판에 그리고 라틴어 '목회자(pastor)'를 교회에만 한정함으로써 중요한 것을 잃고 있다. 우리는 이 두 단어가 동의어라는 것을 머리로는 인식하지만, 마음으로는 그 사실을 자주 망각한다. 이따금씩 "주님은 나의 목회자이시다(The Lord is my Pastor)"라고 말하는 것은 도움이 될 것이다. 그 말은 '목회자'란 낱말을 더 높은 위엄으로 끌어올리며 하늘의 의미를 더 많이 쏟아붓는다. 만일 그리스도의 일을 맡은 모든 사역자들이 이따금씩 "나는 목자야. 내 일은 양 떼를 먹이고 돌보는 거야"라고 생각한다면 그들은 더욱 순화되고 더 큰 능력을 얻을 것이다. 사람들이 어느 날 목회자들을 "우리 목자"라고 부르기 시작한다면 양심의 가책을 받을 사람이 많을 것이다.

　요즘처럼 목자라는 개념이 희미해진 시기는 위험한 때다. 목자라는 개념이 사제라는 개념에 흡수되면 교회에 어두운 그림자가 드리워지는 것처럼, 만일 목자라는 개념이 설교자라는 개념에 흡수된다면 또 다른 재앙이 일어날 것이 분명하다. 사제가 되기를 원하는 로마 가톨릭 교도는 자신이 미사를 집전할 수 있을 때를 자나

깨나 고대한다. 그가 자신의 첫 번째 미사를 거행하는 날은 그의 생애에서 빨간 글씨로 기록될 결코 잊지 못할 날이 될 것이다. 가톨릭 교도에게 그리스도의 일꾼 된 첫 번째 임무는 의식을 거행하는 것, 곧 어떤 불가해한 방식으로 하나님의 아들의 몸이 된 성찬용 떡을 하나님께 드리는 것이다. 이 잘못된 개념은 로마 가톨릭 전체의 사기를 꺾고 암울하게 만든다. 사역에 뛰어들려고 하는 개신교 신자는 자신이 첫 번째 설교를 하게 될 날을 손꼽아 기다린다. 그날은 그의 달력에서 가장 중요한 날이 될 것이다. 마치 로마가톨릭 사제가 노년에 자신의 첫 번째 미사에 관해 이야기하는 것처럼 개신교 사역자는 자기 인생의 황혼기에 자신의 첫 번째 설교에 관해 이야기할 것이다. 두 사람 모두 공적인 행사를, 한 사람은 의식이고 다른 한 사람은 설교이지만, 최우선으로 강조하고 있다는 점에서 똑같다. 신부는 제단을, 목사는 강단을 맡는다. 그곳은 기독교회의 지성소다. 신부는 성찬용 떡을 그리스도의 몸으로 변화시킴으로써 세상이 복을 받는다고 생각하고, 목사는 예수님의 생애와 사상에 대한 자신의 설교를 통해 인류가 나아진다고 생각한다. 두 사람 모두 잘못 알고 있다. 신약의 진리는 제단이나 강단이 무엇인지 알지 못한다. 초대 교회의 장로와 감독들은 우리가 말하는 의미에서의 설교를 하지 않았고, 성만찬이 미사의 형태로 전환된 것은 몇 세대가 지난 후였다. 사도 시대에 지역 회중들의 최초의 항구적인 직분자는 감독자, 관리자, 인도자, 장로, 감독 등이 었는데, 이는 바꾸어 말하면 목회자, 양 떼를 돌보는 사람이었다. 목양이라는 개념은 사제나 설교자라는 개념보다 더 깊으며, 또한 더 폭넓다. 그리고 그 내용이 풍부하다. 사제와 설교자는 자신의 마음에 목자라는 개념을 생생하게 유지하지 못할 때 그 생명력이 시들어지고, 자신의 유능함을 빼앗기게 된다.

목자라는 개념은 많은 사역자뿐 아니라 우리의 교회 대부분으로부터 무시를 당하고 있다. 교회가 찾는 사람들은 우선적으로 설교자라고 부르는 사람, 곧 말을 잘하는 전문가이며 청중들을 끌어 모으고 오래 붙잡아둘 수 있는 사람이다. 좋은 목자라는 이유로 교회에 초빙을 받은 사람에 대해 들어본 적이 없을 것이다! 목회 사역에 대한 가장 인기 있는 평가는 그 일을 행하는 교회가 채택하고 있는 정책들 가운데 나타난다. 한 목회자가 수백 명 이상을 돌보는 상황에서는 참된 목자가 될 수 없는데도 많은 교회들은 교인 수를 천 명까지 끌어 모으려고 하며, 더구나 그 모든 일을 목회자 한 사람이 담당하게 만든다. 그것은 그가 제대로 하는 일은 하나도 없는 것으로 귀결될 것이다. 그는 목자로서 실패하고, 얼마 있지 않아 설교자로서도 무너진다. 천 명의 교인을 둔 모든 교회들은 여러 명의 목회 스태프를 두어야 하며, 그들은 자신이 가장 잘할 수 있는 일들을 해야 한다. 우리는 사역 안에서 여러 다양한 재능을 가진 사람들을 활용해야 한다. 한 방면에 특화된 사람들에게만 사역을 제한시키는 것은 교회를 피폐하게 만드는 것이다.

대부분의 도시 교회가 옛날 시골 마을에서 사용하던 정책에 의해 운영된다. 그것은 한 사람이 모든 일을 떠맡는 것이다. 그러니 그들이 도시의 문제점들을 성공적으로 해결하지 못하는 것도 전혀 놀라운 일이 아니다. 도시라는 환경에 속한 시골 교회는 무기력하다. 불가능한 일을 하려는 무의미한 노력에 인력과 자금이 낭비되고 있다. 도시 교회들이 다른 어떤 것보다 필요로 하는 것은 목회자들이다. 도시 교회는, 도시 병원이나 도시 학교처럼 많은 돈을 잡아먹는 기구이며, 평신도들은 이제까지 알지 못하는 곳에 자신의 돈을 무한정 쏟아붓도록 교육되어졌음이 분명하다. 오늘날 도시 교회들이 싸움에서 지고 있는 이유는 평신도 그리스도인들이 대체적으로 목회 사역의 가치를 알지 못하기 때문이다.

마침내 교인들이 보기 흉한 모습을 보여주고 목회자가 자기 짐에 눌려 비틀거리게 되어 교회가 비참한 절망 가운데 두 번째 일꾼을 구하기로 결정하게 될 때, 그 일꾼은 어떤 모습이겠는가? 어쩌면 신학교를 갓 졸업한 후 자신의 소명과 당회를 위해 무엇이든 기꺼이 일하려고 하는 젊은이이거나, 아니면 기력이 쇠하여 다른 곳에서는 더 이상 받아주지 않는 나이 많은 성자일 것이다. 모든 사람은 강단을 맡을 사람에 대해서는 그에게 두뇌, 재능, 소질 등을 반드시 가지고 있어야 한다고 생각하지만, 목회 사역에서는 누구라도 그 사역을 담당하기에 충분하다고 생각하는 것이 공통된 인식이다. 교회들이 목회 사역을 어떻게 평가하느냐는 그들이 목회자를 구하기 위해 어떤 정책을 취하는지를 보면 알 수 있다.

신학교들도 교회의 무지에 대해 어느 정도 책임이 있다. 구식 신학교의 교과 과정을 슬쩍 훑어보기만 해도 목회 신학은 학문의 하위 분야에 속하고 있음을 충분히 알 수 있다. 그렇게 정한 것은 바로 박사들이다. 헬라어와 히브리어, 비교 종교, 신앙 고백과 신경, 경건한 수사법과 웅변술, 설교학이 신학의 체계상 모든 분과를 차지하고 있으며, 이것들은 신학이라는 잔치에서 가장 윗자리를 차지하고 있음이 분명해 보인다. 그리고 젊은이들은 목회 사역을 비웃는 것이 아니라 그 일을 한 단계 낮은 자리에 놓는 훈련을 받고 있다. 영적 치료법, 도덕 윤리학, 영혼의 치유, 기독교 약학 처방, 개인이 마음에 느끼는 구체적인 아픔에 기독교 원리를 적용시키는 일. 이런 학문들은 마땅히 받아야 할 관심을 받지 못하고 있다. 그리고 사회과학, 협동 기술, 교제의 원리. 사회 생활과 공동 행동이 포함된 이런 지식은 전적으로 무시되거나, 기껏해야 소홀히 여겨지는 경우가 대부분이다. 많은 신학교 졸업생들은 첫 번째 부임한 교회의 얽히고설킨 세력들 속에서 버둥거리는 가운데 이런 수치와 분노의 외침을 내뱉는다. "왜 신학교에서는 내가 할 일을 조직적으로 정리하는 방법과, 나로서는 그 해결 방법이 전혀 준비되지 않은 심각하고 복잡한 문제들을 해결해나가는 방법을 가르쳐주지 않은 거야?"

목회 사역에 대한 이런 비난의 결과는 신학교에 들어가는 많은 젊은이들이 갖고 있는 정서 가운데서 엿볼 수 있다. 그들은 매우 솔직하게 자신은 목자의 일을 경멸한다고 말한다. 그들은 공부를 좋아하고, 책을 사랑하며, 설교에 열중한다. 그러나 양들을 보살피는 일은 싫어한다. 그들은 자신이 강대상을 위한 특별한 은사를 갖고 있다고 생각하기를 좋아한다. 그래서 친구들이 자신에게 앞으로 훌륭한 설교자가 될 것이라고 말해주면 기뻐서 노래를 부른다. 우리가 듣기에 양 떼를 돌보는 일은 고대 이집트인들에게 혐오스러운 것이었으며, 이것은 유창한 말로 피라미드를 세우는 일에 관심을 갖고 있는 모든 강대상의 바로(Pharaoh)들에게도 마찬가지다. 목자로서의 의무를 다하지 못할 것이라는 두려움은 그들에게 한 번도 나타나지 않는다. 다만 강대상에서 미끄러지는 것은 더없이 후회스러운 일이며, 목회 사역 가운데 실수하는 것은 양심에 조금의 고통도 주지 않는다. 그들에게 있어서 공적 예배는 사역자의 삶 가운데서 핵심이 되는 가장 중요한 일이다. 그들은 성경을 충분히 읽지 않았기 때문에 예수님이나 사도들이 공적 예배를 반드시 필요한 유일한 것으로 간주하지 않았으며, 공적 예배가 무시되어서는 안 되지만, 더 무게 있는 일들이 많이 있다는 사실을 미처 깨닫지 못하고 있다.

목자로서의 사역을 의심의 시선으로 바라보는 젊은이들을 변호하는 차원에서, 젊음이란 지성적으로 여러 사상들을 갈망하는 시기이며, 하나님이 사람으로 하여금 자신의 머리를 채우게 하신 시기라고 말할 수 있다. 젊은이들은, 지적으로 깨어 있다면, 사람보다는 사상에 더 관심을 갖기 마련이다. 더구나 사람들 앞에서 말할 수 있는 은사는 일찍 개발된 것으로, 사람들 앞에서 말하기를 좋아하는 것은 젊음의 기쁨 가운데 하나다. 젊은이들에게는 한 번에 한 마리씩 양들을 돌보는 일은, 주님의 날에 모여든 관중들의 귀에 은으로 만든 나팔을 가지고 흥미진진한 메시지를 전하는 것만큼 매력적인 것으로 보이기가 쉽지 않다. 그들은 칭찬을 좋아하며, 박수에 민감하다. 남들 앞에 나서기를 좋아한다. 그것을 어떻게 억제할 수 있겠는가? 그들은 신문과 같은 대중 매체의 주목을 받을 때 고무된다.* 신문은 어디에나 있으며, 그 내용은 모든 모임에서 논의된다. 따라서 신문에 실리는 것은 사역자가 자신의 능력을 증진시키는 하나의 방법이다. 그리고 신문에 실리기 위해서는 반드시 설교를 해야 한다. 그는 기자가 신문에 싣고 싶어할 내용을 강단에서

---

*물론 이것은 오늘날 대중으로부터 명성을 얻는 최고의 수단이 된 라디오와 텔레비전이 나오기 전의 일이다.

말할 수 있다. 그는 세상이 해냈어야 하는 일들을 강단에서 성취할 수 있다. 젊은이들은 자신의 삶을 가장 가능성 많은 일에 사용할 정당한 야망을 갖고 있다. 그들은 자신의 설교로 주목 받기를 갈망한다. 강단은 자신의 소식을 온 마을에 소리 높이 알릴 수 있는 일종의 지붕 꼭대기다. 그러나 목자의 사역을 하는 사람은 그 발을 땅에 딛고 있으며, 세상은 그를 조금도 주목하고 있지 않는 것처럼 보인다.

새삼 말하지만, 젊음은 조급하기 마련이다. 그들은 일을 성취하기 원하며, 그것도 즉시 그러기를 바란다. 한 번에 한 사람씩 대하는 것은 지루하고 지치는 일이다. 잘못된 아이를 잘 타일러 자기 어머니에게 순종하게 하는 것, 혹은 술에 빠진 사람을 제정신이 들도록 끌어올려 자유롭게 하는 것, 혹은 비천한 한 가정을 미소와 기도로 밝히는 것은 지혜와 인내와 희생을 필요로 한다. 때문에 이것은 주님의 날에 한자리에 모인 군중들에게 크게 한 건 하는 것과 비교하면 시간 낭비로만 비쳐진다. 젊음은 보통 일을 급히 해치우려 하며, 이것에 대해 우리가 유감을 가질 필요는 없다. 젊은이가 빨리 움직이는 것은 그의 영광이며, 그들이 노인들처럼 인내하지 못하는 것은 당연한 일이다. 많은 젊은이들로 하여금 목회 사역을 꺼려하게 만드는 것은 그들의 피가 빠르게 흐르고 있기 때문임이 분명하다.

그리고 참나무처럼 천천히 성숙해지는 은사와 은혜도 존재한다. 그런 은사 가운데 하나가 궁휼이다. 궁휼은 경험에서부터 자연스럽게 우러나오는 것이다. 젊은 사람들의 경험은 제한적이며, 이로 인해 비난을 받아서는

> 많은 젊은이들로 하여금 목회 사역을 꺼려하게 만드는 것은 그들의 피가 빠르게 흐르고 있기 때문임이 분명하다.

안 된다. 많은 젊은이들이 처음 부임하는 교회에서 큰 곤란을 겪는 것은 사람에 대한 그들의 사랑이 빈약하기 때문이다. 그의 심장을 검사해보면 차갑고 죽어 있는 것을 발견할 것이다. 그는 자기 앞에 있는 사람들을 보고 자신이 그들 대부분을 돌보지 않는다는 것을 인정한다. 그와 그들 사이에는 실질적인 접촉점이 없는 듯 보인다. 그는 공부를 하고 그들은 그저 존재한다. 그들은 거의 아는 것이 없고, 그는 많은 것을 안다. 그는 생각을 하고, 그들은 아무 생각이 없는 것처럼 보인다. 그는 독일과 영국 그리고 스코틀랜드의 모든 위대한 사상가들과 친숙하지만, 그의 모임 사람들은 이런 현대 사상의 대가들에 대해 거의 알지 못한다. 그가 목양하는 사람들 중에 가장 똑똑한 사람도 리츨(Albrecht Ritschl)*의 사상이 무엇인지, 실용주의가 무엇인지, 생기론(Vitalism)이 무엇인지, 일원론이 무엇인지, 모더니즘이 무엇인지, 혹은 그 밖에 현대인이 알아야 할

---

*독일의 신학자, 자유주의의 대가

가치 있는 것이 무엇인지 알지 못한다. 그가 인도하는 교회 안의 사람들은 그저 물건을 사고 팔고, 일하고 놀고 있다. 여성들은 집을 지키고 다양한 사회 활동을 수행한다. 세상은 먹고 마시고, 장가가고 시집가는 등 노아 홍수 전에 그랬던 것과 매우 흡사하다. 책으로 둘러싸인 세상에서 성장한 젊은이가 그렇게 어리석고 시대에 뒤쳐진 세상에 순식간에 진심으로 깊은 관심을 보이는 것이 어떻게 가능할까? 젊은이가 목자가 되는 것은 결코 쉬운 일이 아니다. 그리고 그는 하루아침에, 혹은 일 년만에 목자가 될 수 없다고 해서 낙심할 필요가 없다. 훌륭한 웅변가는 어렵지 않게 될 수 있다. 개혁가는 한순간에 될 수 있다. 정치와 사회에 대해 비판하는 가운데 주일날 교회 안을 사람으로 들끓게 할 수 있다. 그러나 목자가 되는 것은 천천히 그리고 인내 가운데 십자가의 길을 걸음으로써만 할 수 있다.

  목자의 일은 겸손한 일이다. 처음부터 마지막까지 겸손해야만 한다. 목자의 일을 하기 위해서는 낮아져야 한다. 목자는 빛을 발할 수 없다. 그는 두각을 나타내서도 안 된다. 그가 하는 일은 사람들이 모르게 이루어져야 한다. 그가 하는 일들은 누군가 흥미를 보이며 따르려 하지 않는다. 그가 하는 일은 계속되는 자기 겸손을 요구한다. 그것은 사람의 목숨을 먹어치우는 그런 섬김이다. 그 일은 그 사람을 나이보다 더 늙게 만든다. 만일 관중들의 박수에 의지하는 사람이라면 그는 사역의 길에 들어서지 말아야 한다. 사역자가 행하는 가장 훌륭한 일은 사람들이 보지 않는 곳에서 이루어지며, 누구에게도 알려지지 않는다. 그런 일들은 그 자신과 다른 한두 명의 사람들 그리고 하나님께만 알려진다. 그의 기쁨은 자신의 성공이 땅에서 사람들 입에 오르내리는 것이 아니라 그의 이름이 하늘에 기록되는 것이다. 동양에서 목자는 그를 칭찬하는 관중들로 둘러싸이지 않았다. 그는 혼자 외로이 양들과 별들과만 함께 살았다. 그의 만족은 내부로부터 오는 것이었다. 그리스도의 전령은 자신이 가는 길에 음악대가 함께할 것이라 기대해서는 안 된다. 그들의 길은 천하고, 허세 부리지 않으며, 종종 사람들에게 알려지지 않는 노고이지만, 만일 영혼들을 공의 가운데 세운다면 별들보다 더 오래 빛날 것이다.

  그렇다면 어떻게 제한된 경험, 미숙한 긍휼, 부족한 인내심, 주목받고 싶어하는 마음, 자기 표현을 좋아하고 사상에 대한 열정을 가진 젊은이가 그의 사람들에게 참된 목자가 될 수 있을까? 무엇보다 그에게 이상적인 목자이신 예수님의 삶을 새롭게 연구하게 하고, 이어서 날마다 기도와 자기 희생의 행동을 통해 그의 안에 그리스도의 마음을 세워나가도록 노력하게 만들어야 한다. "예수 그리스도로 말미암는 고통과 기도는 무엇이든 성취할 수 있다"고 존 엘리엇(John Eliot)이 오래전에 말했다. 예수님은 젊었지만 목자의 마음을 가지셨다. 그분을 가까이 하는 것은 목자의 체질을 받아들이고 목자의 길을 배우는 데 필수 불가결한 조건이다.

신약을 깊이 연구한 학생이라면 복음서의 저자들이 예수님이 사역하신 영역과 그분이 열두 제자에게 베푸신 의무의 범위를 얼마나 꼼꼼하게 진술하고 있는지를 충분히 보았을 것이다. 누가는 예수님이 나사렛에서 행하신 첫 번째 설교에서 이사야에 의해 제시된 프로그램을 받아들이셨음을 말하고 있으며, 이 프로그램은 가난한 자에게 좋은 소식을 전하고, 포로 된 자에게 자유를 선포하며, 눈 먼 자에게 회복을 가져다주고, 상한 자에게 자유를 주며, 주님의 기쁨의 해를 선포하는 것이었다. 그분의 말씀과 행동은 서로 연결되었다. 메시아는 가르치시며 또한 행하는 분이시다. 누가는 이 이중 사역을 조금도 놓치지 않았다. 그는 데오빌로에게 자신의 복음은 예수님이 승천하신 날까지 행하시며 가르치신 것들에 대한 이야기라고 말하고 있다. 그는 예수님이 열두 제자에게 이중적인 사역을 전하셨다고 말한다. 예수님은 열둘을 부르사 그들에게 모든 귀신을 멸하고 병을 고치는 능력과 권세를 주셨고, 그들을 보내셔서 하나님 나라를 선포하고 병든 자를 고치게 하셨다. 열두 제자는 자신들이 설교 이상의 일을 해야 한다는 것을 깨달았다. 그들은 길을 떠나 마을 곳곳을 돌아다니며 복음을 선포하고, 가는 곳마다 병을 고쳤다. 가장 오래된 복음서인 마가복음에는 이와 같은 특징이 분명히 나타나 있다. "이에 열둘을 세우셨으니 이는 자기와 함께 있게 하시고 또 보내사 전도도 하며 귀신을 내쫓는 권능도 가지게 하려 하심이러라"(막 3:14-15). 이것은 예수님이 친히 하시던 일이었다. 그분은 갈릴리 전역으로부터 사람들이 모인 회당에 들어가 "전도하시고 또 귀신들을 내쫓으"(막 1:39)셨다. 마태 역시 동일한 모습을 기록하고 있다. "예수께서 온 갈릴리에 두루 다니사 그들의 회당에서 가르치시며 천국 복음을 전파하시며 백성의 모든 병과 모든 약한 것을 고치시니"(마 4:23). 그리고 수많은 이들이 목자 없는 양같이 고통을 받고 뿔뿔이 흩어져 있는 것을 발견하셨다. "예수께서 그의 열두 제자를 부르사 더러운 귀신을 쫓아내며 모든 병과 모든 약한 것을 고치는 권능을 주시니라"(마 10:1). 바꾸어 말하면, 열둘은 단지 군중에게 메시지를 선포하기 위해서 부르신 것이 아니라, 말씀도 전하고 사람들을 한 사람씩 도와주어 귀신을 쫓아내며 그들의 병을 고치게 하시기 위한 것이었다.

만일 우리가 그 사도들의 후예라면, 우리도 반드시 사도의 정신을 갖고 그들이 행한 일을 해야 한다. 우리는 고통받고 흩어져 있는 무리를 목양하고, 성령 충만한 인격을 통하여 하나님의 사랑과 생명을 사람들의 마음과 생각에 심어주어야 한다. 세상은

> 우리는 고통받고 흩어져 있는 무리를 목양하고, 성령 충만한 인격을 통하여 하나님의 사랑과 생명을 사람들의 마음과 생각에 심어주어야 한다. 세상은 오직 목자와 같은 사역을 통해서만 구원받을 수 있다.

오직 목자와 같은 사역을 통해서만 구원받을 수 있다.

  목자와 같은 사역이 없이는 사역자 자신은 구원 받을 수 없다. 만일 구원이 건강이고, 건강은 우리가 나사렛 예수 안에서 발견하는 그런 종류의 삶이라면, 목자의 마음을 갖고 있지 못한 사역자가 어떻게 건강할 수 있으며, 만일 그가 목자의 의무를 회피하고 목자가 져야 할 십자가로부터 도망한다면 어떻게 평강과 기쁨을 얻을 수 있겠는가? 그리스도를 위해 일하는 사역자의 헌신의 정도를 가늠하는 가장 좋은 시금석은 그의 공적인 업적이 아니라, 세상이 보고 있지 않을 때 그가 하고 있는 일들 가운데 있다. 설교를 하고 있는 사람은 자신이 스스로를 위해 설교하고 있는지, 아니면 하나님을 위해 설교하고 있는지 알기가 어렵다. 영광스러운 생각을 펼치고, 그 생각에 빛나는 언어로 옷을 입히며, 불타는 어조로 그 언어를 입으로 말하는 모든 일은 너무나 기쁜 일이어서 설교자로서는 왜 자신이 그 일을 하고 싶어하는지 말하는 것이 쉽지 않다. 그러나 그는 목자가 해야 하는 불분명한 섬김 가운데서 비로서 자신이 진정으로 하나님을 사랑하는지, 그리고 순전히 예수님만을 위하여 얼마만큼 사람들을 위해 행동할 수 있는지 입증할 수 있는 기회를 얻게 된다.

> 🌿 그리스도를 위해 일하는 사역자의 헌신의 정도를 가늠하는 가장 좋은 시금석은 그의 공적인 업적이 아니라, 세상이 보고 있지 않을 때 그가 하고 있는 일들 가운데 있다.

사역자는 자신의 목자로서의 일을 겨우 마지못해 하면서도 양 떼의 목자라는 위치를 계속 유지할 수는 있지만, 하나님 나라에서 든든한 위치를 확보할 수는 없다. 불성실한 목자는 자동적으로 고통을 당하는, 피할 수 없는 벌을 받는다. 조금씩 조금씩 그의 양심은 무뎌지고, 그의 심장은 덜 민감해지며, 영적 눈은 예리함을 잃고, 여전히 표면상으로는 경건하고 공적으로 존경을 받는 이 죄인은 천천히, 그러나 피할 수 없도록, 전능하신 분의 손길에 의해 자신의 믿음에 성실하지 못한 모든 이들을 위해 예비된 어두운 영혼의 더 깊은 심연 속으로 떠밀린다. 사람들이 목자의 사역을 꺼리는 것은 강해서가 아니라 약하기 때문이다. 그들은 자신의 삶을 그리스도의 생명에 굴복시키기 위한 충분한 힘을 갖고 있지 못하다. 자기가 맡은 사람들을 소홀히 여기는 사람은 허약한 사람이지 위대한 사람이 아니다. 사람들 앞에서는 각광을 받고, 하나님의 아들의 청지기로 임명을 받은 자신에게 주어진 개인적인 의무는 다하지 않은 채 남겨두는 사람은 그리스도인이 아니라 이방인이다. 어떤 사람이 "나는 목자의 일을 싫어합니다. 그리고 할 수 있으면 그런 일은 조금만 할 겁니다"라고 말할 때, 그에게 들을 귀가 있다면 그는 성령님이 이렇게 말씀하시는 것을 들을 수 있다. "넌 바보로구나!"

몇 가지 분명한 사실이 있다. 우리는 목자이신 하나님이 창조하신 세상에 살고 있다. 주님은 우리의 목자시다. 우리가 살고 있는 이 세상은 목자이신 구세주로 인하여 구속을 받았다. 우리의 맏형은 목자시다. 인류가 가장 필요로 하는 사람은 목자다. 그리스도의 말씀을 전하는 모든 전령은 목자의 일을 행하도록 보내심을 받았다. 우리는 마지막 날에 목자이신 재판장 앞에 서야 한다. 하나님은 선한 목자와 나쁜 목자를 구별하실 것이다. 모든 목회자들이 반드시 듣고 대답해야 하는 질문은 다음 세 가지다. "너는 내 양을 먹였느냐? 너는 내 양을 보살폈느냐? 너는 내 양을 인도했느냐?"

2장
목자의 임무

●목자의 임무가 자주 비난을 받는 한 가지 이유는 목자의 임무라는 개념이 더할 나위 없이 편협해졌기 때문이다. 그 일이 갖고 있는 활동 영역의 폭을 줄인다면, 그 일은 쉽사리 사소한 것처럼 보이게 된다. 목회자의 위엄은 목회자의 의무의 범위를 줄일 때 필연적으로 낮아진다.

목회자의 일은 무엇인가? 보편적인 대답은 결혼식에 참석하고, 또한 장례식장에도 함께하는 것이다. 그 일은 유아 세례를 베풀고, 낯선 사람에게 친절한 말을 하는 것이다. 또한 병든 자를 위로하고, 가난한 사람을 돕는 것이다. 이런 일을 성실하게 하는 사람은 좋은 목자다. 이런 것이 많은 사람들이 생각하는 목자의 개념이다. 그러나 만일 이것이 목자 사역의 전부라면 너무나 빈약한 것이며,

그 정도면 평신도라도 충분히 해낼 수 있다. 만일 보편적으로 인식되고 있는 이 여섯 가지 목자의 기능에 조직적인 목회 심방이라는 업무가 추가된다면, 사실 많은 교회에서 충분히 예상되지만, 목회자가 하는 일의 대략적인 전체가 시작된다고 볼 수 있다. 그러나 이 목회 심방의 효용과 관련해서 폭넓은 비관론이 존재하며, 그것에 대항하는 끊임없는 움직임이 있다. 남의 집 앞에서 초인종을 누르느라 시간을 허비하고, 오후에는 여러 가지 친교 전화로 스스로를 지치게 만들면서도 정작 그가 인도하는 사람들의 영적 복지에는 아무것도 더해주지 못하는 어리석음에 관해 비꼬는 말을 들어보지 않은 사역자가 어디 있겠는가?

어떤 이들에게 목회 심방은 쉬운 일로 비쳐질 수도 있다. 설교는 힘든 일이지만, 목회 전화는 기분 전환, 곧 놀이의 일종으로 여긴다. 그러나 다른 사람에게 목회 심방은 놀이가 아니라 시련이다. 사람을 지치게 하는 고역, 즉 무력한 사역자들에게 찾아오는, 전통에 의한 승인은 받았지만 하나님의 계획에는 포함되지 않은 잔혹한 고통이다. 그런 섬김이 종종 경멸을 당하고 소홀히 여겨지는 이유는 사람들이 목회 사역이 실제로 어떤 것인지 분명히 보지 못하기 때문이다. 교구 행정과 관련된 몇 가지 일이 교착되어 목회자가 하는 일의 전부가 되고 만다. 어떤 일이든 당신이 작은 조각으로 잘라내는 일들은 사소한 것이 된다.

그러나 위에서 언급한 일곱 가지 기능은 목회자가 하는 수고 가운데 극히 일부분에 불과하다. 목회 일은 그 전체가 보일 때까지는, 즉 그 안에 담긴 기회와 그 책임들이 갖는 다양함이 명확히 이해되기 전까지는 넉넉하고 고상한 지성을 가진 사람들에게는 매력적으로 보이지 않는

> 🕮 그런 섬김이 종종 경멸을 당하고 소홀히 여겨지는 이유는 사람들이 목회 사역이 실제로 어떤 것인지 분명히 보지 못하기 때문이다.

다. 목회 사역의 범위가 어느 정도인지 파악하기 위해서는 우리가 사용하고 있는 목자라는 비유가 태어난 지역으로 가서 동양의 목자들이 어떤 일들을 했었는지 확인해야 한다.

예수님은 아시아 사람이셨고, 아시아 사람들에게 말씀하셨다. 그분은 아시아 사람들의 생각과 친숙한 용어로 생각하셨다. 그분은 재산의 대부분이 양 떼로 이루어진 민족의 한 사람이셨고, 역사적으로 그들의 들판에는 항상 소와 양들의 울음소리가 끊이지 않았다. 가장 위대한 히브리 영웅들 가운데 몇몇은 양 떼를 지키는 사람이었다. 족장, 가장 위대한 입법자, 가장 사랑받는 시인 그리고 가장 능력 있는 선지자는 어린 시절에 목자 노릇을 했었다. 히브리 사람들의 눈에 비친 목자의 일에는 우리 눈으로는 볼 수 없는 영광이 깃들어 있었다.

팔레스타인 지방과 그 주변 국가들에서 목자가 하는 일은 간단하거나 쉬운 일과는 전혀 거리가 멀었다. 그것은 수고스럽고 복잡

한 일이었다. 그 일을 하려면 다양한 솜씨를 발휘해야 했고 그리고 그것은 가장 숭고한 덕목을 드러낼 기회를 제공해주었다. 그 일은 더 많은 재능을 훈련시켜주었고, 영혼의 가장 고귀한 자질을 개발시켜주었다. 목자가 맡은 임무가 어떤 것들인지 훑어보는 것만으로도 목회자의 사역이 예수님께 무엇을 의미했는지, 왜 그분은 수제자에게 자신의 임무를 설명하실 때 양의 우리와 관련된 용어를 사용하셨는지 그리고 그분이 자신을 가리키기 위해 선택하신 호칭이 왜 '목자'가 되었는지를 분명히 이해할 수 있게 될 것이다.

1. 동양의 목자는 무엇보다 지키는 사람(watchman)이었다. 그는 망대를 갖고 있었다. 넓게 트인 시력을 가지고, 적의 접근이 가능한지를 살피기 위해 계속해서 지평선을 바라보는 것이 그의 일이었다. 그는 매사에 조심성이 있고 주의력이 있어야 했다. 조심성은 그에게 요구되는 최우선의 덕목이다. 늘 깨어 있는 것은 그에게 반드시 필요한 일이다. 적들이 가까이에 있기 때문에 그는 잠깐이라도 잠에 빠지면 안 되었다. 그가 깨어 있어야만 적들을 물리칠 수 있는 것이다. 적들에는 여러 종류가 있는데, 그들은 하나같이 두려워할 만한 존재들이다. 그러나 그 두려움은 각기 다른 방식으로 다가온다. 해마다 어떤 시기에는 홍수가 나서 강물이 급속히 불어 둑이 넘쳐흐르기도 한다. 둑이 무너지지 않게 하기 위해서는 신속한 행동이 필요하다. 그리고 보다 음흉한 적인 동물들이 있는데,

그들은 욕심 많고 사나운 사자, 곰, 하이에나, 자칼, 늑대들이다. 또한 공중에도 적들이 있다. 거대한 맹금류가 높은 곳에서 맴돌다가 언제라도 새끼양이나 새끼염소를 채가려고 항상 노리고 있다. 그리고 가장 위험한 것은 인간 맹금류이자 인간 들짐승들로 도적과 산적들이 있는데, 그들은 양들을 훔치고 목자를 죽이는 것을 직업으로 삼고 있다. 그런 동양 세계는 온갖 위험으로 가득 차 있다. 거기는 목자와 그의 양 떼에 위협이 되는 세력들이 가득한 곳이다. 에스겔, 예레미야, 이사야, 하박국은 목자에 대해 말할 때 그들을 경계하고 구출하는 파수꾼(watchman)이라고 불렀다.

교회 최초의 위대한 목회자인 바울은 에베소 교회 일꾼들에게 보내는 작별 인사에서 지켜보는 일의 중요성을 강조했다. 그의 마무리 권고는 "정신을 바짝 차리라"(행 20:31, 현대인의 성경)였다. 그는 사람들에게 자신이 그렇게 경고하는 이유를 이렇게 설명했다. 그는, 사나운 이리가 그들 가운데 들어가 양 떼를 사정없이 해칠 것이라고 말했다(행 20:29). 그리고 더 나아가 그들 가운데 어떤 이가 일어나 어그러진 말을 하고, 많은 사람들을 실족하게 만들 것이라고 말했다. 따라서 적이 예상되는 곳은 밖과 안, 다시 말해서 세상으로부터와 교회로부터의 두 가지 경우다. 늑대는 늑대의 옷을 입고 올 뿐 아니라 양의 탈을 쓰고 나타나기도 한다. 그리고 이 두 종류의 늑대에 대비하기 위해 사역자는 항상 조심해야 한다.

사도 바울은 계속해서 자신이 인도한 회심자들에게 자신이 그들에게 보여준 모범을 상기시키고 있다. "내가 삼 년이나 밤낮 쉬지 않고 눈물로 각 사람을 훈계하던 것을 기억하라"(행 20:31). 깨어 있는 것은 좋은 목자를 구별하는 하나의 지표다. 히브리서의 저자는 교회 일꾼을 이렇게 기술하고 있다. "그들은 너희 영혼을 위하여 경성하기를 자신들이 청산할 자인 것 같이 하느니라"(히 13:17). 그들은 목자장 앞에서 해명해야 하기 때문에 양 떼의 안전에 전념한다. 그들은 두 눈을 부릅뜨고 지켜본다.

예수님의 입에서 "지켜보다"는 말이 얼마나 자주 나왔는지는 복음서에 수록된 빈도를 통해서 추론할 수 있다. 예수님에게 있어서 삶은 위태로운 것이었다. 그분의 영혼은 항상 위험 가운데 놓여 있었다. 요람에서 무덤을 향한 인생 여정은 위험천만한 길이다. 사람은 기도하고 깨어 있어야 한다. 그래서 만일 모든 사람이 위험을 안고 살아간다면, 만일 온 우주가 영혼에 위협이 되는 세력들로 가득하다면, 깨어 있는 것은 목회자가 져야 할 책임 가운데 가장 중요한 하나가 된다. 그에게는 귀중한 생명이 맡겨져 있으며, 그는 그 생명들을 책임져야 한다. 지켜보고, 검사하고, 지평선을 훑어보고, 아직 시작되지 않은 낮의 어둠을 응시하고, 독을 품은 채 잠복해 누룩처럼 움직이고 있는 세력의 내부 상태를 탐사하고, 아직 미래의 동굴 속에서 자고 있는 폭풍우의 도래를 계산하는 이 모든 일이 목자의 일이며, 그 일은 아쉽게도, 언제나 꼼꼼하게 수행되지 못한다.

많은 사역자들이 목회자로서 실패하는데 이는 깨어 있지 않기 때문이다. 그는 반쯤 졸고 있기 때문에 자기 교회가 산산조각 나도록 방치하고 있다. 그는 늑대나 맹금이나 도둑이 없는 것이 당연하다고 여기지만, 그가 졸고 있는 사이에 대적이 온다. 잘못된 생각, 파괴적인 해석, 사기를 꺾는 가르침이 그가 맡은 사람들에게 찾아오는데, 그는 그것을 전혀 눈치채지 못한다. 그는 아마도 학문 연구에 관심이 있을 것이다. 최근에 발간된 신학 논문집에서 논의된 내용에 푹 빠져 있고, 자기 교회 젊은이들이 어떤 글을 읽는지, 혹은 교회 지도자들의 머릿속에 어떤 낯선 생각들이 자리 잡고 있는지 알지 못한다. 이것은 늑대처럼 잔혹하고 하이에나처럼 무정한, 옛날부터 있던 실수들이다. 그들은 믿음과 소망과 사랑을 무참히 찢어놓고, 한때는 크게 성장했던 교회를 엉망으로 만들어 절반은 죽은 것처럼 만들어놓는다. 혹은 하나님과 세상에 대한 새로운 개념이 사상계의 하늘에 빛나는 해처럼 생겨나고, 예수님을 따르는 이들의 정신이 동요하며 혼란을 빚을 수도 있다. 사람들이 성경과 영감과 권위에 대해 변경된 사상을 논박할 수 있도록 준비시키기 위해서는 가르침이 필요하다. 그리고 파수꾼은 다른 방향을 들여다본다. 그는 과거를 연구하고, 옛것에 집착하며, 이전 세대의 제단에 자신을 바친다. 그는 옛 질서가 변화하고 있음을, 새것에 자

> 지켜보는 것은 목자의 일 가운데 가장 중요한 하나다. 목회자는 지키는 사람이다. 그의 거처는 높이 솟은 망대가 되어야 한다.

리를 내주고 있음을 보지 못한다. 그리고 세상과 자기가 속한 교구에서 어떤 일이 일어나고 있는지 알지 못하기 때문에 하나님의 고귀한 성도들의 신앙이 흔들리고, 많은 사람들의 평화가 파괴되어버린다. 지켜보는 것은 목자의 일 가운데 가장 중요한 하나다. 목회자는 지키는 사람이다. 그의 거처는 높이 솟은 망대가 되어야 한다.

2. 동양에서 목자는 또한 보호자(guard)다. 그의 사명은 단순히 지켜보는 것이 아니라 또한 보호하는 것이다. 그는 양 떼를 보호하는 사람이다. 그는 그들의 방어자다. 양은 동물들 가운데 방어 수단이 가장 적다. 양에게는 공격이나 방어를 할 수 있는 무기가 전혀 주어지지 않았다. 그래서 물거나 할퀴거나 걷어차지도 못한다. 양도 달릴 수는 있지만 적들만큼 빠르지 못하다. 양은 자기 크기의 절반밖에 안 되는 동물들에게도 상대가 되지 못한다. 그 무기력함은 동정심을 자아내기에 충분하다. 그래서 양은 철저하게 인간의 힘과 지혜에 의존한다. 양의 안전은 전적으로 사람에게 달려 있다. 사람은 그들의 피난처요, 방어막이요, 방패요, 반석이요, 요새다.

시편 기자가 하나님을 부르는 많은 호칭이 있는데 양의 입장에서는 그 호칭 모두를 자기 목자라고 불러도 좋을 것이다. 양의 우리는 목자가 세운다. 돌이 없는 곳에서는 가시덤불로 울타리를 세운다. 양우리의 문은 목자가 만들며, 열고 닫는 것도 그가 한다. 그의 통찰력으로 인해 양들은 보호를 받는다. 그의 용기를 통해 양들은 구출된다. 그는 양들이 공격을 받을 때 그들을 방어한다. 그는 양들이 위험하다는 것을 모를 때 그들을 안전하게 지킨다. 양들이 자신의 의무를 거의 인식하지 못할 때 그들의 안전은 목자에게 달려 있다. 동양에서 목자는 보호자, 지키는 자, 방어자다. "내가 사망의 음침한 골짜기로 다닐지라도 해를 두려워하지 않을 것은 주께서 나와 함께 하심이라"(시 23:4). 동양에서 골짜기나 깊은 계곡은 야생 동물의 은신처이자 위험 인물의 안식처다. 그러나 그런 곳에서도 양은 목자가 함께 있다면 안전하다. 그의 지팡이와 막대기가 그들을 보호하기 때문이다.

양을 안전하게 보호하는 것은 목자가 해야 할 최우선의 일이다. 어떻게 하면 공동체 안의 젊은이들을 피할 수 없는 유혹으로부터 지킬 수 있을까. 어떻게 하면 아직 어린 자매들을 치명적인 위험으로부터 막아줄 수 있을까. 어떻게 하면 평범한 노동자들을 도박장이나 술집으로부터 막아낼 수 있을까. 어떻게 하면 여흥과 오락이 비도덕적인 형태로 타락하는 것을 막을 수 있을까. 어떻게 하면 우리 힘으로는 전멸시킬 수 없는 악의 세력을 조금이나마 줄일 수 있을까. 어떻게 하면 청소년들을 그들의 지성을 물들이고 마음의 싹을 침식해가는 악한 영향력으로부터 지킬 수 있을까. 이 모든 것을 지키는 것이 목자의 일이라면, 이보다 더 중요하고 어려운 일이 무엇이 있을까? 악의 세력이 끼치는 흐름을 가로막는 것, 찢고 유린하는 동물들의 무리에 맞서 울타리를 세우는 것, 수많은 이들이 떨어져 죽은 위험한 벼랑 끝에 보호막을 설치하는 것, 이것이 목자의 일이며, 그만큼의 일도 이루어지지 않는 것은 교회의 수치다.

우리는 반쯤 죽은 양을 다시 살아나도록 구슬리는 일에 너무 많은 시간을 보내느라 늑대를 막을 울타리를 세우는 데 충분한 시간을 사용하지 못한다. 많은 사역자들이 마땅히 해야 할 일인데도, 자기가 맡은 사람들이 직면한 위험에 대비하지 못하고 있다. 그들은 스스로를 위해서나 자기가 책임을 맡은 이들을 위해서나 필요한 사전 대책을 강구하지 않는다. 그리고 적의 공격을 피하기 위한 대비책을 계획하고 실행하지 않는다. 그들은 적이 구상한 파괴를 막기 위해 솜씨 좋고 시기 적절한 도구를 사용하지 않는다. 모든 교회는 최고의 계층이 행하는 건설적인 활약을 필요로 하고 있다. 이보다 더 높은 단계의 지성과 기술을 요구하는 일은 없다. 일반 교회의 손실은 막대한 것이며, 그 한 가지 이유는 생명이 올바로 보호되지 않기 때문이다. 그런 목자는 늑대를 물리칠 수 있는 양우리를 건설하기 위한 천부적인 재능을 갖고 있지 못하다. 그리고 그리스도의 교회와 영원토록 전쟁을 벌이는 적의 세력을 물리치고 맞서기 위한 수단과 방책을 고안하는 것이 자신의 임무라는 사실을 알지 못하고 있는 것처럼 보인다. 그런 목자는 양들을 지켜내지 못한다.

3. 목자는 또한 양의 인도자(guide)다. 양은 혼자서 다니지 못하는 짐승이다. 그들에게는 반드시 인도하는 사람이 있어야 한다. 양들은 혼자서는 미리 지정된 장소로 가지 못한다. 아침에 풀밭을 찾아 출발하고, 저녁에 다시 집으로 돌아오는 일을 하지 못한다. 그들에게는 방향 감각이 전혀 없는 것이 분명하다. 좋은 풀밭이 불과 몇 킬로미터 떨어진 곳에 있어도 혼자 남겨진 상태에서는 그곳을 찾지 못한다. 양보다 더 무기력한 동물이 어디 있겠는가? 양은 자신의 무력함을 잘 알고 있다. 그래서 어느 동물보다 다루기가 쉽다. 어디든 목자가 가는 곳이면 양들은 따라간다. 양은 목자가 자신의 안내자이며, 그를 따라가는 것이 안전하다는 사실을 알고 있다. 목자는 양을 뒤에서 밀고 갈 수는 없고 다만 앞에서 인도만 할 수 있다. 노새와 돼지는 몰고 갈 수 있어도 양은 그것이 불가능하다. 양의 본성은 뒤에서 따라가는 것이다.

동양에서는 많은 인도자가 필요했다. 목초지는 하나의 점처럼 한정된 장소나 하나의 띠처럼 길게 펼쳐진 곳에 있는 경우가 많으며, 때로는 그 점과 띠가 서로 멀리 떨어져 있기도 하다. 그곳은 물을 먹을 냇가가 풍부하지 않고, 특정한 시기에는 땅이 가뭄으로 바싹 말라버린다. 그런 지역에서 인도자의 일은 힘들고도 긴박할 수

밖에 없다. 하나님을 목자로 생각했던 시인은 목자의 일이 어떤 것인지 잘 알고 있었다. 그는 하나님을 무엇보다 인도자로 생각했다. 하나님은 그들보다 앞서 가셔서 시원한 시냇물과 향긋한 풀밭을 찾으신다. "그가 나를 푸른 풀밭에 누이시며 쉴 만한 물 가로 인도하시는도다"(시 23:2). 예수님은 이런 인도자의 모습을 염두에 두시고 이렇게 말씀하셨다. "나는 선한 목자라"(요 10:11, 14). 그분이 그리고 계신 팔레스타인 지방의 목자의 모습은 사실과 정확히 부합한다. "양은 그의 음성을 듣나니 그가 자기 양의 이름을 각각 불러 인도하여 내느니라 자기 양을 다 내놓은 후에 앞서 가면 양들이 그의 음성을 아는 고로 따라오되"(요 10:3-4).

사역자가 리더인 경우는 흔한 일이지만, 모든 사역자가 인도하는 법을 알고 있는 것은 아니다. 바꾸어 말하면 그는 좋은 목회자가 아닌 것이다. 어떤 사역자들은 사람들을 뒤에서 몰아가려고 애쓴다. 그들이 갖고 있는 치명적인 약점은 양들은 뒤에서 몰아갈 수 없다는 사실을 모른다는 점이다. 그런 사람들은 언제나 잘라내고, 때리고, 강요하며, 그래서 항상 곤경에 처하게 된다. 그들은 끊임없이 자기가 이끄는 사람들과 분쟁하는데, 그것은 바로 그들을 인도하는 법을 모르고 있기 때문이다. 그들은 뒤에서 밀어붙이지 앞에서 인도하지 않으며, 뒤에서 앞으로 떠밀기만 할 뿐 앞에 서서 자기를 따라오도록 설득하지 않는다. 그들은 밀어내는 힘은 믿지만 끌어당기는 힘은 믿지 않는다. 그들에게는 목자의 손길에 담긴 신비한 힘이 결여되어 있다. 그들은 인간의 본성이 어떠한지 알지 못한다. 그래서 사람은 양과 같아서 반드시 인도해야 한다는 사실을 깨닫지 못한다. 사역자는 항상 자기 사람들보다 앞서 나가야 한다. 그는 사상적으로 그들을 인도해야 한다. 만일 사역자가 자기가 맡은 사람들의 지적인 면을 인도하는 지도자가 되지 못한다면 그것은 비극이다. 만일 그가 갖고 있는 개념들이 보통 사람들의 것과 차이가 없다면, 만일 그가 갖고 있는 사상이 일반 대중이 갖고 있는 안전 위주의 평범한 사상에 불과하다면, 만일 위대한 개혁을 향한 그의 자세가 군중들보다 앞서 있지 않다면, 만일 마귀의 요새를 무너뜨리는 일에 다른 사람들이 더 공격적이라면, 그는 목자가 아니다.

인도하지 않는 사역자는 목자의 일 가운데 가장 중요한 부분을 회피하는 것이다. 그가 맡은 사람들은 그가 자신들을 인도할 때에만 그를 따를 것이다. 그러나 그는 양 떼 가운데 몸을 숨기고, 종종 뒤로 처지기도 한다. 심지어 어떤 경우에는 교회의 중요한 일을 하고 있음에도 그는 인도자가 아닐 때가 있다. 사람들은 그들이 비록 많은 은사를 받았고 좋은 의도를 갖고 있더라도 가르침을 받지 않는다면 그리스도인으로서 이렇게 해야 하는지 알지 못한다. 그들 주위에는 많은 일들이 놓여 있지만, 그들의 손이 훈련받기 전까지

> 리더는 충고하는 사람이나 꾸짖는 사람이나 그럴듯한 말을 해주는 사람이 아니라, 앞으로 나가서 반드시 해야 하는 특정한 일이 무엇인지 가리켜주고, 단지 그것을 가리킬 뿐 아니라 어떻게 해야 가장 훌륭하게 해낼 수 있는지 보여주는 사람이다.

는 그것을 붙들지 않을 것이다. 기회의 문은 활짝 열려 있어도, 보통의 그리스도인은 그렇게 하도록 격려를 받지 않는다면 그 문으로 들어가지 않을 것이다. 모든 그리스도인 회중이 인도자가 있을 때에만 많은 일들을 성취한다는 것은 놀라운 사실이 아닐 수 없다. 리더는 충고하는 사람이나 꾸짖는 사람이나 그럴듯한 말을 해주는 사람이 아니라, 앞으로 나가서 반드시 해야 하는 특정한 일이 무엇인지 가리켜주고, 단지 그것을 가리킬 뿐 아니라 어떻게 해야 가장 훌륭하게 해낼 수 있는지 보여주는 사람이다. 어떤 사역자들은 반드시 시도해야 하는 엄청난 일들을 볼 수는 있지만, 사람들을 그리로 인도하지 못하기도 한다. 그들은 반드시 싸워야 하는 전투의 전략적 특징에 대해 정밀하게 설명할 수는 있지만, 자기가 맡은 사람들을 데리고 그 전쟁터에 참여하지는 않는다. 그들은 비전을 갖고 꿈을 꾸는 사람들이지만, 목자는 아니다. 그들은 인도하지 않는다. 사람들이 따르지 않는 사람은 진정한 지도자가 아니다.

4. 이스라엘에서 목자는 양들에게 의사(physician)였다. 인간과 마찬가지로 양들에게도 질병이 있으며, 지구상에 있는 다른 생물체와 마찬가지로 그들은 사고와 불행을 당하기가 쉽다. 양들은 다

치기도 하고, 피부가 벗겨지기도 하며, 다리가 부러지기도 하고, 낭떠러지에서 떨어지기도 하는 등 여러 종류의 신체적 이상과 질병에 시달린다. 동양의 목자는 자기 양의 병을 고치는 사람이었다. 보통 목자에게는 다리를 절거나 병에 걸린 양이 한 마리 이상은 있기 마련이며, 목자는 이 환자에게 더 많은 관심을 갖게 된다. 잘 먹지 않는 양, 숨을 헐떡이며 겨우 다른 양들을 따라다니는 양, 다리를 절고 이따금씩 주저앉는 양, 이런 양들을 향해 목자의 자비가 발휘된다. 목자라는 직업은 그에게 의사와 간호사가 될 것을 강요한다.

선한 목자이신 예수님은 자신을 항상 의사로 간주하셨다. 그분은 자신이 병든 자에게 관심을 보이는 것을 왜 대적들이 용납하지 않는지 이해할 수 없었다. 그분은 제자들을 보내시면서 말씀을 선포하고 또한 병을 고치라고 명령하심으로써, 그분이 보낸 외교 사절은 단순히 말로만 사명을 완수하는 것이 아니라 분명히 해야 할 일이 있다는 것을 똑똑히 보여주셨다.

목회자의 사명은 "아픈 마음을 어루만지고, 뿌리 깊은 슬픈 기억을 뿌리 뽑으며, 머릿속에 기록된 아픔들을 지워주고, 망각이라는 달콤한 해독제를 사용하여 마음을 무겁게 짓누르는 문제들을 말끔히 제거해주는 것이다." 교회 안에는 언제나 아픈 사람이 있기 마련이며 그 아픔은 신체적인 것만이 아니라 정신적, 도덕적, 영적인 것일 수 있다. 영혼의 질병은 수없이 많으며, 전능자가 베푸신 처방은 솜씨 좋은 의사가 다룰 때에만 효과를 얻을 수 있다. 일정한 세대와 일정한 기질, 일정한 직업과 일정한 환경에서만 나타나는 영혼의 질병이 있으며, 사역자는 이런 질병의 증상과 그 병의 발전 단계 그리고 그 병을 치료할 수 있는 위생학적 과정을 숙지하고 있어야 한다. 그런 증세들에는 식욕 감퇴, 수척함, 허약, 발열, 시각 상실, 청각 상실, 마비, 중풍, 마음의 병, 겉으로 드러나지 않은 정신 이상, 우울증, 피로, 고통스러운 감정의 폭발 등이 있다.

이런 분야는 사역자가 훌륭한 솜씨와 능력을 발휘하도록 요구되는 곳이다. 그에게 주어진 사명은 병자를 향한 것이며, 모든 병든 사람이 동일한 병을 앓고 있는 것은 아닐 뿐더러, 동일한 치료법이나 동일한 간호가 요구되는 것도 아니다. 사역자에게 이런 날카로운 통찰력, 뛰어난 분별력, 진단할 수 있는 솜씨, 미묘하고 은근한 세력과 맞서 싸울 수 있는 능력이 요구되는 또 다른 곳은 찾아보기 힘들다. 이런 훌륭한 목회 사역의 영역에 거의 들어서지 못한 사역자들이 많이 있다. 그의 교회에는 병든 양심이 존재하지만 그들을 어떻게 처리해야 하는지 알지 못한다. 상한 마음에서 피를 흘리고 있지만, 어떻게 해야 피를 멈추게 할 수 있는지 알지 못한다. 사랑하는 사람을 잃거나 그 밖의 일로 슬픔에 잠긴 사람들이 울고 있는데, 그들에게 어떤 치유의 말을 전할지 알지 못한다. 심령이 상하여 죽음에 이를 지경인데 그들에게 아무런 도움을 주지 못한다. 귀신 들린 사람이 있지만 목회자는 귀신을 쫓아내는 방법을 알지 못한다. 그는 영적 치유에 관한 전반적인 기술에 무지하며, 예수님을 따르는 이들마저도 많은 경우 전문적인 영적 의사라면 능히 고칠 수 있는 병으로 인해 몇 년씩 고생하기도 한다. 많은 교회에 영적 성장이 정체되고, 도덕성의 마비가 일어나며, 영적 허탈감이 찾아오지만, 이런 것들은 사역자가 영혼의 특성과 예수 그리스도 안에서 인간의 마음에 제공된 치유법을 올바로 이해한다면 얼마든지 치료하고 낫게 할 수 있는 것들이다.

항간에는 사역자는 모든 육체적 질병을 반드시 파악하고 있어야 하며, 만일 그가 모든 마음의 질병뿐 아니라 육체의 질병을 다룰 수 있도록 자신의 영역을 확장시키지 않는다면 그것은 자신의 임무를 저버리는 것이라는 말이 돌고 있다. 몸과 마음이 합쳐져 사람이 된다는 것은 의심할 여지가 없는 사실이며, 모든 인간은 하나님의 법 아래에 있고 구속의 대상인 것 역시 사실이다. 그러나 사역자가 모든 것을 알고 있다고 주장하거나, 무슨 일이든 다 할 수 있는 척 해야 할 이유는 전혀 없다. 그가 왜 전능하신 하나님이 인간의 구속을 위한 사역에 동참하도록 부르신 다른 종들을 배제해야 한다는 말인가? 하나님은 성직자뿐 아니라 의사에게도 지혜와 은혜를 베푸시고, 그들 모두에게 이 세상의 생명과 사역을 담당할 영역을 허락하셨다. 사역자는 하나님의 방대한 왕국 안에서, 다른 영역에서 하나님의 법을 배운 사람과 손을 잡고 그리스도인으로서의 겸손과 상식 가운데 일을 하며, 하나님이 그들을 통해 베푸시는 모든 도움을 최대한 활용해야 한다. 사역자가 의사의 자리를 차지하려 해도 안 되지만, 목회자인 자신은 또한 의사이며, 하나님이 자기 손에 붙이신 모든 대리인을 통하여 인류에게 영적인 건강뿐 아니라 육체적 건강을 회복시켜주는 것이 자신의 임무라는 사실을 잊는 것은 크나큰 손실이 아닐 수 없다. 도덕적 질병의 근원은 보통 육체 가운데 존재하며, 많은 영적 현상은 생리학적 지식을 통해서만 설명될 수 있다. 교육을 받은 목회자가 이끄는 사람들의 육체적 건강은 언제나 그의 관심거리다. 그들의 육체적 건강을 위해 제공되는 모든 것은 그들의 영적 본성을 충만하게 드러내주며, 하나님 나라를 위한 더욱 효과적인 사역을 제공해줄 것이다. 신체적, 도덕적, 영적 건강은 목자가 해야 하는 일이다. 목자는 양의 의사다.

5. 목자는 구원자(savior)다. 그는 잃어버린 양을 찾아 구원한다. 목자의 임무 가운데 가장 중요한 것은 구출하는 일이다. 양은 쉽게 길을 잃어버리는 경향이 있다. 그들은 감각이 떨어지고, 조심성이 없으며, 어리석기 때문에 길을 잃는다. 양은 코를 땅에 바짝 대고 풀이 돋아난 곳만을 따라 이동하다가 조금씩 조금씩 동료들로부터 멀어지게 되는데, 마침내 자기 친구들이 하나도 보이지 않게 되면,

불쌍하게도 외톨이가 된 이 동물은 자기가 어디에 있는지 알지 못하게 된다. 자기가 길을 잃었다는 것을 깨달은 양은 친구들을 찾으려고 마구 날뛴다. 양은 혼자 떨어져서 살 수 없다. 그는 무리를 이루고 살아가도록 만들어졌다.

> 🐑 양은 스스로를 구원할 수 없다는 점에서 사람과 같다. 구원자가 없으면 그는 잃어버려진 상태를 돌이킬 수 없는 것이다.

양은 혼자 있을 때는 겁을 집어먹고 당황해서 어쩔 줄을 모른다. 눈에 보이는 모든 모습은 그를 긴장하게 만들고, 들리는 모든 것은 그를 두렵게 만든다. 그래서 자기 길을 찾기 위해 이곳저곳으로 달려가보지만 그의 노력은 대개 헛수고일 뿐이다. 길 잃은 양은 집으로 찾아올 수 없다. 그가 길을 찾기 위해 애를 쓰면 쓸수록 우리에서 멀어지게 된다. 그리고 자포자기하는 가운데 덤불을 향해 돌진하거나, 늪에 빠지거나, 혹은 구덩이에 떨어져 목자가 발견하지 못하면 그곳에서 죽고 만다. 양은 스스로를 구원할 수 없다는 점에서 사람과 같다. 구원자가 없으면 그는 잃어버려진 상태를 돌이킬 수 없는 것이다.

구약에는 양을 향한 목자의 보살핌이 훌륭하게 묘사되어 있다. 선지자와 시인들은 목자의 사랑을 찬양했지만, 신약에 와서야 잃어버린 양을 향한 목자의 걱정이 얼마나 광범위하고 중요하게 나타나는지 비로소 알 수 있게 된다. 우리는 예수님의 가르침 가운데서 처음으로 잃어버린 양을 찾아 길을 나선 목자의 그림을 얻게 된다. 예수님이 즐겨 생각하신 것이 목자의 모습 가운데 바로 이것이다. 이것은 그분의 위대한 마음 가운데 지배적인 위치를 차지하고 있었다. 그분은 많은 무리를 보시고 그들이 마치 목자 없는 양들처럼 고통받고 흩어져 있는 것을 크게 불쌍히 여기셨다. 최초의 복음서 기자들이 특히 좋아하고 귀하게 여겼던 예수님의 말씀 가운데 하나는 "나는 이스라엘 집의 잃어버린 양 외에는 다른 데로 보내심을 받지 아니하였노라"(마 15:24)이다. 아흔아홉 마리 양은 우리에 두고 길 잃어버린 한 마리 양을 찾아 나선 목자의 모습은 예수님에 의해 하나의 이상이자 모범으로 제시되었다. 양을 구하는 일은 그분의 마음에서 가장 중요한 자리를 차지하고 있었다. 그분은 항상 잃어버린 양을 찾고 계셨다. 그분이 세관에 앉아 있던 마태를 발견하신 것도, 우물가에서 한 여인을 만나신 것도, 나무 위에 올라간 삭개오를 발견하신 것도 바로 잃어버린 양을 찾으시던 중이었다. 잃어버린 자를 향한 그분의 사랑은 그토록 격렬하고 지칠 줄 모르는 것이어서 적들은 예수님께 "세리와 죄인의 친구"라는 별명을 붙여주었는데, 이는 바꾸어 말하면 "잃어버린 양의 친구"가 된다.

모든 구출 작업은 엄밀한 의미에서 목회자의 일이다. 사역자가 방황하는 자기 교회 식구들을 갱생시키기 위해 노력하는 것은 바로 목자의 일이다. 어떤 사역자들은 선한 목자의 이런 모습, 즉 잃어버린 자를 찾는 일을 따라하지 않는다. 그들은 우리 안에 있는 양들에게만 관심을 갖고 있으며, 우리 밖의 양들은 그에게 중요한 존재가 아니다. 그래서 그들은 이렇게 혼잣말을 한다. "왜 저 사람들은 교회 안으로 들어오지 않는 거지? 만일 그들이 밖에 있다면 그것은 바로 그 사람들의 잘못이야. 교회는 언제나 열려 있다고. 하나님의 말씀은 선포되고, 성례식이 거행되고 있으니 그것으로 충분해." 이런 주장은 어떤 특정한 방식의 사역에 위로를 줄 뿐이다. 그런 사역자는 회심자를 거의 얻을 수 없다. 신앙 고백에 참여하는 사람의 숫자도 적지만 이것은 그들에게 아무 문제가 되지 않는다. 왜냐하면 그들은 이스라엘 집의 양이 방황하는 것에 대해 아무런 소명 의식을 느끼지 않기 때문이다. 그들은 길을 잃어버리지 않은 양을 좋아한다. 그들은 올바로 행동하고, 길을 잃어버려서 목자에게 어려움을 안겨주지 않는 좋은 양들을 편애한다. 멀리 달아나버린 양을 찾아다니는 것은 매우 성가신 일이다. 그런 일은 그에게는 하등의 필요가 없는 희생일 뿐이다.

그러나 잃어버린 양, 그 가운데서도 한 번도 교회에 속해본 적이 없는 사람들만을 향해 뜨거운 마음을 갖고 있는 사역자도 있다. 이러한 사역자들에게는 흔히 말하는 비교인이라는 이 사람들에게 어떻게 다가갈 것인지가 가장 커다란 문제다. 그들을 사로잡기 위해 온갖 종류의 방법들이 시도된다. 그 가운데 하나라도 성공을 거두면 사역자의 관심을 사로잡는다. 그들은 이제 교회 식구가 되며,

잃어버린 다른 사람을 구하기 위한 일은 계속 진행되어야 한다. 그러나 아쉽게도, 새로 찾은 사람들 가운데 많은 이들이 곧 길을 벗어나고 만다. 그들은 신앙 안에 활동적으로 남아 있지 못한다. 그들은 무지하고, 어리석고, 또한 양처럼 우리를 벗어나지만 사역자는 그들을 따라가지 않는다. 그는 잃어버린 양을 공개적으로 그리고 소문날 정도로 좋아하지만, 길을 잃고 방황하는 양은 좋아하지 않는다. 그는 길 잃은 교인들이 자기를 버린 것이라 생각하고 분개한다. 그는 그 일을 개인적인 치욕으로 여긴다. 그는 그들의 떠돌아다니는 습관을 불쾌하게 여긴다. 그래서 발끈하고 성을 내면서 그들이 떠나가서 기분이 좋다고까지 말하기도 한다. 처음에 그들은 단순히 기도 모임에 참석하지 않았을 뿐인데, 사역자는 그들을 찾아가보거나 다른 사람을 대신 보내지도 않는다. 그리고 어쩌다 한 번 주일 예배에 참석하고 더 이상 나오지 않지만, 그는 그들에게 아무런 권면도 하지 않는다. 그는 그들의 그런 타락하는 모습에 분노하지만 아무 말도 하지 않는다. 그는 자신의 설교가 높은 수준에 올라 있다는 것을 알고 있다. 하나님의 말씀은 신실하게 선포되고 있다. 그는 어느 때보다 연구에 열심을 기울이기 때문에 그에게는 흠잡을 것이 없다. 만일 양이 길을 잃는다면 그것은 전적으로 그들의 어리석음 탓이다. 만일 그들이 뒤로 처진다면 그것은 그들이 구원받을 자격이 없기 때문이다. 많은 사역자들이 이런 식으로 자신을 위로한다. 그 결과, 교회는 엄청나게 많은 것들을 상실하는 것이다.

어떤 교회는 숫자는 크게 증가하지만 조금도 성장하지 않는다. 그들은 항상 새로운 교인의 이름을 추가하지만 하나님 나라를 위한 더 큰 일은 전혀 하지 않는다. 어느 교회나 잃어버리는 사람들은 항상 있게 마련이며, 그 가운데 일부분은 피할 수 없는 일이다. 그리스도께서도 열두 양 가운데 하나를 잃으셨고, 자기에게 맡겨진 양들을 모두 지키지 못했다고 책망을 당할 사역자는 한 사람도 없다고 믿는다. 그러나 그 상실의 대부분은 비난받을 만한 일이다. 더 신실한 목자의 사역이라면 그 숫자를 크게 줄일 수 있었을 것이다. 방황하는 양들은 많은 경우에 목자가 그들을 찾아가면 다시 돌아올 수 있다. 일곱 번 길을 잃은 양이라도 그들을 찾으려는 인내와 방법을 갖춘 사람이 교회 안에 있다면 그들은 충분히 되돌아올 수 있다.

양 떼에게 있어서 길을 잃는 것은 보통 점진적으로 일어나며, 그런 이유로 인해 사람들로부터 별로 주목을 받지 못한다. 만일 사역자가 어느 날 아침 교인 가운데 24명이 한꺼번에 다시는 교회에 나오지 않을 것이라는 말을 듣는다면 깜짝 놀라는 것이 당연할 것이다. 그리고 이렇게 말할 것이다. "왜 그런 건가요? 문제가 뭐지요? 제게나 혹은 교회에 무슨 문제가 있기에 교회를 떠나는 거죠? 어떤 늑대나 이리가 우리에 파고들어 이런 짓을 일으킨 건가요?" 그러나 그 사람들이 한 번에 한 사람씩 아무 말 없이, 그리고 사람들이 눈치채지 못하도록 한 달에 한 사람씩 교회를 떠난다면, 2년 뒤에 24명은 똑같이 교회에서 자취를 감추고 교회의 손실은 24명이 같은 날에 떠난 것과 동일하게 크게 다가오더라도 그동안에 사역자는, 목자라면 모르겠지만, 그 빠진 자리를 눈치채지 못할 것이다. 한 마리의 양이 우리에서 떨어져나갔는데도 마음이 아프지 않고, 그를 다시 돌아오게 하기 위해 손을 내밀지 않는 사역자는 좋은 목자가 아니다. 좋은 양몰이 개는 양 떼 주위를 크게 원을 그리며 돌면서 뒤로 처지는 양을 모두 제자리로 조심스럽게 끌어모은다. 양을 잘 돌보는 기술은 곧 무리에서 떨어져나가는 양들을 잘 돌보는 것이라는 사실을 그는 본능적으로 안다. 그는 길 잃은 양을 구할 수 없게 되면 그것이 양몰이 개 전체에게 망신이 된다는 사실을 동물적인 본능으로 알고 있다. 그렇다면 양치는 사람은 양을 모는 개만큼 지혜로워야 하지 않겠는가?

  사역자가 좋은 설교자가 되고, 결혼식장에 기쁜 마음으로 참석하며, 장례식을 근엄한 분위기 가운데 집례할 수도 있지만, 만일 자기 양 떼 가운데 한 외로운 식구가 떠나버렸을 때도 아무 일 없었다는 듯이 행동한다면 그는 좋은 목자는 아니다. 지키는 일에는 깨어 있음이 필요하며, 보호하기 위해서는 신중함이, 인도하는 일에는 용기가, 치료하는 일에는 기술이 각각 요구되지만, 구출하는 것은 바로 사랑의 일이다. 만일 많은 사역자가 지금보다 더 많이 사랑하는 마음을 갖는다면 그들은 더 좋은 목자가 될 것이다.

> 🕮 사역자가 좋은 설교자가 되고, 결혼식장에 기쁜 마음으로 참석하며, 장례식을 근엄한 분위기 가운데 집례할 수도 있지만, 만일 자기 양 떼 가운데 한 외로운 식구가 떠나버렸을 때도 아무 일 없었다는 듯이 행동한다면 그는 좋은 목자는 아니다.

6. 양을 먹이는 일은 목자의 기본적인 의무다. 이것은 목자와 그들이 하는 일에 대해 잘 알지 못하는 사람에게도 분명한 사실이다. 양은 스스로 먹을 것을 찾아 먹지도 못하고 물을 찾지도 못한다. 그들은 물가와 풀밭으로 데려다주어야 한다. 동양에서 물은 보통 우물에서 길어 올리며, 그것은 목자의 일 가운데 하나다. 풀은 계절에 따라 다양하게 변하며, 목자는 그에 맞추어 양 떼의 위치를 변경한다. 그는 양 떼를 먹이기 위해 이곳저곳으로 이동시켜서 이번에는 골짜기에, 저번에는 들판에 그리고 어떤 때는 산꼭대기로 끌고가기도 한다. 이 모든 일은 양들이 먹을 것을 얼마나 확보할 수 있느냐에 의해 결정된다. 지혜롭게 먹이지 않으면 양들은 쇠약하게 되고 병에 걸리며, 그들에게 투자된 재산이 날아가버린다. 에스겔이 나쁜 목자의 모습을 설명할 때 그가 가장 먼저 내뱉은 말은 이것이다. "내 양 떼를 먹이지 아니하였도다"(겔 34:8). 예수님이 베드로에게 교회를 맡기실 때 그분이 맨 먼저 하신 말씀은 이것이다. "내 양을 먹이라." 양을 먹이는 일은

결코 소홀히 여겨서는 안 되는 것이다.

하나님이 목자처럼 자기 백성을 먹이신다는 사상은 히브리인들의 마음에 큰 위로가 되는 것이었다. 그분은 상을 베푸시고 잔이 흘러넘치게 하시는데, 이것은 사람을 위한 그분의 풍성한 사역 가운데 일부다. 예수님은 자신이 선한 목자라고 주장하셨고, 이러한 주장의 근거 가운데 하나는 그분이 먹이신다는 사실이다. 우리는 그분께 나아갈 때 먹고 마실 수 있다. 그분은 생명의 떡이요 또한 생수시다.

먹인다는 개념은 사역자의 의무 가운데 널리 알려진 개념으로 깊숙이 자리 잡았다. '자기 무리를 먹이지 않는 사람'은 한 교회의 목회자에게 제기될 수 있는 최악의 비난으로 간주된다. 한 영국 시인은 사역자의 본분에 충실하지 못한 사역자의 모습을 한 줄로 이렇게 요약했다. "배고픈 양은 먹을 것을 찾지만 먹지 못한다."

그러나 사역자가 자기 사람들을 먹여야 한다는 것은 보편적으로 받아들여지는 개념인 것에 비해 많은 사역자가 먹이는 일에 얼마나 관심을 적게 보이며, 또한 먹이는 기술에 대해 얼마나 생각이 없는지를 보면 놀라지 않을 수 없다. 설교문을 작성하는 일에는 엄청난 관심이 집중된다. 본문을 어떻게 선택하고, 생각을 어떻게 전개해나가며, 메시지를 어떻게 꾸미고, 어떤 예화를 들며, 논의를 어떻게 마무리할 것인가를 놓고 고심한다. 사역자에게 설교문을 작성하는 법을 가르쳐주기 위해 기록된 책들을 담기에는 세상이 부족할 정도다. 그러나 이런 책들 가운데 대부분은 먹인다는 개념을 다루고 있지 않다. 그렇게 되면 설교는 하나의 먹을 것, 다시 말해서 사람들이 저마다 갖고 있는 특별한 식욕에 맞추어지고, 그들이 갖고 있는 특정한 소화 기관에 의해 소화 흡수될 수 있도록 만들어져야 하는 것으로 간주되지 않게 된다.

회중을 먹이는 일은 누구라도 맡을 수 있는 가장 중요하면서도 어려운 일 가운데 하나다. 모든 교회에는 다양한 세대, 성격, 성향, 기호 및 체질을 가진 사람들이 있으며, 그로 인해 엄청나게 다른 음식이 각기 다른 방식으로 제공되어져야만 한다. 어린 양들(lambs)에게는 먹을 것을 제공해주어야 한다. 어린 양들은 서로 나이도 다르고 필요한 것도 다르다. 다 큰 양들(sheep)에게도 먹을 것이 제공되어야 한다. 양들은 성장 단계와 특성들이 서로 다르다. 그 중 가장 중요한 문제는 어떻게 하면 이런 다양한 어린 양들과 양들에게 각기 맞는 먹을 것을 제공해줄 수 있느냐는 것이다. 목자로서의 본능이 설교하는 일보다 더 절실하게 요구되는 곳은 존재하지 않는다.

많은 이들이 설교하는 일을 목회 사역으로 보지 않으려 하지만, 그것이 목자의 일이 아니면 무엇이겠는가? 사역자의 일 가운데 설교보다 더 확실하고 순수하게 목자의 성격을 띠고 있는 것은 없다.

사역자가 강대상에 설 때 그는 양들을 먹이는 목자이며, 만일 모든 사역자가 이 사실을 마음에 깊이 새기면 그들이 하는 설교는 이전과 달라질 것이다. 강대상과 관련된 널리 알려진 저주는, 설교는 빵이나 고기 한 조각이 아니라 하나의 예술 작품이라는 미신이다. 그들에게 설교란 하나의 연설이나 강연, 혹은 박학다식한 논문으로서 고상하면서도 뛰어나 성도들로부터 칭찬과 박수를 받고 그들이 화제로 삼을 만한 것, 혹은 목이 뻣뻣하고 분별력 없는 죄인들로부터는 비난의 대상이 되는 어떤 것이어야 한다. 그러나 설교는 바르게 이해한다면, 최우선적으로 먹을 것에 속한다. 설교는 식품 가운데 하나다. 설교는 사역자가 영적 생명을 유지시키기 위해 제공하는 음식이다. 이 사실을 잊지 않는다면 많은 사역자들이 거드름 피우는 언어를 벗겨내고, 많은 수사학적 장식품들을 제거하는 데 도움이 될 것이다. 그래서 그로 하여금 과장된 웅변에서 벗어나게 하고, 장식품에 불과한 서론과 갑작스럽게 치솟는 결말을 말끔히 제거하게 해줄 것이다.

목자가 하는 일은 평범하고 하찮은 것이다. 진정한 목자가 대단한 무언가를 보여주기 위해 애쓰는 적이 있는가? 목자는 항상 양을 바라보며, 그의 첫 번째 관심은 양에게 먹을 것이 풍부한지 확인하는 것이다. 양을 먹이는 일은 낭만적인 것이 아니다. 그 안에 담긴 시적인 요소는 쉽게 드러나는 것이 아니다. 그 일은 화려한 박수를 받으며 할 수 있는 것이 아니다. 그 일은 단조롭지만 꼭 필요한 것이며, 정직하고 성실한 마음을 가진 사람이 하지 않으면 결코 제대로 해낼 수 없는 일이다.

수수하게 설교를 하는 설교자는 매우 드물다. 그들이 사용하는 언어는 지나치게 학문적이며, 그들의 문체는 지나치게 복잡하다. 그들은 데모스테네스(Demosthenes)*나 키케로(Cicero)*처럼 되고 싶어 하며, 목자가 되는 것에 만족하지 않는다. 목자로서의 설교, 곧 한 사람 한 사람을 다르게 대하고 그들을 먹이는 설교에 관해 쓰인 책이 있다면 매우 재미있을 것이다. 어떻게 하면 설교가 듣는 이들의 혈관 속으로 쉽게 들어가게 할 수 있을까, 어떻게 하면 성경 본문이 감정과 행동의 중추에 양분을 공급해줄 수 있도록 펼쳐 보일 수 있을까, 어떻게 하면 진리를 전하여 인간의 마음속에 있는 갈망을 채워주고 하나님의 뜻을 능력으로 행하게 만들 수 있을까 하는 문제는 사역자가 대답해야 할 가장 기본적인 문제 가운데 하나가 아닌가? 그리고 당신은 사역자들이 그 문제를 놓고 충분히 고민했다고 생각하는가?

목회자의 일은 단순히 사교 차원에서 사람들을 방문하는 것이

---

*고대 아테네의 웅변가, 정치가
*고대 로마의 웅변가

아니다. 목회자의 일에는 설교하는 것도 포함되어 있다. 사역자가 강단에 선다고 해서 목자가 되기를 멈추는 것이 아니다. 그곳에서 그는 목자에게 필요하며 중요한 임무 가운데 하나를 맡는 것이다. 우리는 가끔씩 사역자들이 이렇게 말하는 것을 듣는다. "그는 좋은 목회자야. 그렇지만 설교는 잘 못해." 이 문장은 앞뒤가 맞지 않는다. 자기 양을 잘 먹이지 못하는 사람이 좋은 목자가 될 수 없는 것과 마찬가지로, 설교를 잘하지 못하는 사람이 좋은 목회자가 될 수는 없다. 양을 먹이는 일은 양을 치는 일의 한 부분이며, **빼놓을 수 없는** 중요한 부분이다. 사역자가 하는 목자로서의 일 가운데 가장 훌륭하고 효과적인 일이 그의 설교를 통해 이루어진다. 사역자는 설교를 통해 경고하고, 보호하고, 인도하고, 치료하고, 구출하고, 풍성하게 먹인다. 목자로서의 그의 모습은 강대상 앞에 섰을 때 가장 크게 빛난다.

사역자는 가끔씩 이런 질문을 자기 자신에게 묻는 것이 좋다. "나는 강단 위에서 좋은 목회자인가? 혹은 내가 서 있는 곳에서 바라다 보이는 풍경이 너무 좋아서 풀밭 한 곳에 사람들을 너무 오래 머물게 하고 있지는 않은가? 내가 좋아하는 풀밭에서 너무 오래 풀을 뜯어 먹도록 강요하고 있지는 않은가? 지면에 있는 풀은 다 뜯어 먹어 배가 고픈데 그렇다면 이제 높은 산에서 자라고 있는 풀을 먹으러 가야 하지는 않는가? 나는 설교할 때 목자로서의 일을 수행하는가? 나는 어린 양들을 먹이고 있는가, 아니면 나 자신을 향상시키고 있는가? 나는 언어의 유희를 하고 있는가, 아니면 떡을 떼어주고 있는가? 나는 아름다운 피라미드를 짓고 있는가, 아니면 물을 퍼올리고 있는가? 나는

> 🐑 나는 설교할 때 목자로서의 일을 수행하는가? 나는 어린 양들을 먹이고 있는가, 아니면 나 자신을 향상시키고 있는가? 나는 언어의 유희를 하고 있는가, 아니면 떡을 떼어주고 있는가? 나는 독수리처럼 혼자만 높이 날고 있는가, 아니면 굶주림을 채워주고 있는가?

독수리처럼 혼자만 높이 날고 있는가, 아니면 굶주림을 채워주고 있는가? 나는 박수를 받으려고 설교하는 삯꾼인가, 아니면 영혼을 먹이는 참된 목자인가?" 목자의 개념을 직시하는 것보다 더 설교를 준비하는 과정에서 사역자를 순화시키며 그의 행동 양식을 훈련시키는 것은 없다. 그리스도는 위대한 교사이셨으며, 또한 선한 목자이셨다. 자기 일을 솜씨 있게 해내는 목자는 자기 양 떼를 먹이는 일에 실패하지 않는다.

7. 동양의 목자가 하는 일에는 한 가지가 더 있는데, 그것은 그가 양을 사랑한다는 것이다. 그는 서양의 목자들은 알지 못하는 방식으로 양들을 사랑한다. 그와 양들의 관계는 오늘날 양을 치는 업계에서 찾아볼 수 있는 어떤 모습보다 더 가까우며 친밀하다. 동양의 황량한 들판은 동물과 사람 사이에 놀라울 정도로 친밀한 관계를 형성시켜주었다. 사람과 짐승은 아름답고 거룩한 끈으로 서로 연결이 되었다. 양들 사이에는 목자를 향한 애정이 솟아나고, 목자에

게는 양을 향한 사랑이 흘러나왔는데, 이런 사랑은 여러 가지 모습으로 표현되고 있다. 여기 사랑을 보여주는 시금석이 있다. "그가 자기 양의 이름을 각각 불러"(요 10:3). 목자가 구태여 양들에게 각각 이름을 붙여줄 필요는 없지만 그는 그들을 좋아하기 때문에 그렇게 한다. 사랑은 언제나 그 대상을 다른 이와 구별한다. 그 대상에 사랑스러운 이름을 만들어주는 일은 기쁨을 안겨다준다. 인격이 교감되고 친밀해지지 않으면 그것은 사랑이 아니다. 그리고 사랑을 가늠하는 또 다른 시금석은 이것이다. "그는… 어린 양을 그 팔로 모아 품에 안으시며"(사 40:11). 목자가 반드시 이렇게 할 필요가 없는데도 그렇게 하는 것은 그들을 사랑하기 때문이다. 목자가 지켜보거나, 보호하거나, 인도하거나, 치료하거나, 구출하거나, 먹이고 있지 않다면 그는 이런 일들보다 더 훌륭한 일을 하고 있는 것이다. 그것은 바로 자기 양들과 함께 사귀고, 그들과 함께 놀며, 그들과 함께 이야기하고, 이 불쌍한 짐승과 가장 가까이 갈 수 있는 곳까지 간다. 그 결과 양은 목자에게 헌신하게 된다. 그들은 목자의 음성을 안다. 그 음성은 한 마디 한 마디가 음악이며, 그 모든 억양의 변화는 곧 영감이다. 목자는 양을 사랑하는 사람인데, 이는 그가 위험에 처했을 때 자기보다는 그들을 먼저 생각하는 마음 때문이다. 그는 그들을 지키기 위해서라면 자기 목숨도 기꺼이 내어놓으려 한다. 이것이 바로 목자에게 있는 최고의 덕목인 자기 희생의 사랑이다.

 이것은 그리스도의 양 떼를 먹이는 모든 목자들에게도 필요한 최고의 덕목이다. 바울은 골로새 교회 교인들에게 이렇게 말하고 있다. "이 모든 것 위에 사랑을 더하라 이는 온전하게 매는 띠니라" (골 3:14). 여기서 바울은 그리스도인의 덕목들로 옷을 입고 있는 영혼을 생각하고 있다. 그리스도인의 영혼이 보여주고 있는 이 여러 가지 아름다운 모습들에는, 가장 위대한 덕목인 사랑이 반드시 추가되어야 한다. 그리스도의 양을 먹이는 목자가 다른 어떤 덕목을 가지고 있어도 사랑이 없으면 그는 불쌍하고 벌거벗은 존재가 된다. 그는 많은 덕목을 가지고 있음이 분명하지만, 그 모든 것에 생명을 불어넣어주는, 그리고 그 모든 것을 하나로 연결해주는 것은 사랑이다. 그에게는 해야 할 일이 많이 있지만, 그가 가장 우선해야 할 일은 사랑하는 것이다. 만일 그가 사랑한다면 그는 목자들이 마땅히 해야 할 모든 일을 할 것이다. 그래서 지켜볼 것이다! 언제 사랑이 졸리는 눈꺼풀을 가진 적이 있는가? 사랑은 밤이 아무리 길어도 얼마든지 이겨낸다. 그리고 그는 보호할 것이다! 사랑은 질투하는 마음으로 보호한다. 사랑은 모든 위협으로부터 지켜낸다. 그리고 그는 인도할 것이다! 사랑은 천리안을 갖고 있다. 사랑은 함정이 어디에 있는지 알아내며, 평화의 땅으로 가는 안전한 길을 찾아낸다. 그리고 그는 치료할 것이다! 사랑의 손은 부드럽다. 사랑은 상처를 싸맨다. 그리고 그는 찾아내 구할 것이다! 사랑은 사랑하는 이가 폭풍 가운데 산 속에 있을 때 자기 혼자 잠들지 못한다. 그리고 그는 먹일 것이다! 사랑은 인생의 잔치에 가장 많은 먹을 것을 제공해준다. 사랑은 만족시킨다.

이제 당신은 목자의 일이 무엇인지 알겠는가? 나사렛 예수를 보라. 그분은 양들의 위대한 목자이시며, 영혼을 보살피는 일을 맡은 모든 이들에게 목자가 된다는 것이 무엇인지에 대한 완벽한 모범이자 흠잡을 데 없는 본보기가 영원토록 되어주신다. "나는 선한 목자라." 그분은 말씀하신다. "나는 지켜보고, 보호하고, 인도하고, 치료하고, 구해내고, 먹인다. 나는 처음부터 끝까지 사랑한다. 나를 따르라!"

3장
목자에게 주어진 기회

● 우리는 모두 설교자의 시대는 갔다는 말을 익히 들어보았다. 인쇄 산업은 그의 직업을 빼앗아버렸다. 그는 여전히 설교를 하고 있지만 회중은 차츰 줄어들고 있으며, 언젠가는 그 자리가 비고 말 것이다. 강대상의 몰락은 이 시대의 인기 있는 화제 가운데 하나다. 이 시대에 강대상 앞에 선 난쟁이들과 과거에 강대상 앞에 섰던 거인들의 차이점은 우스갯소리를 좋아하는 사람들이 즐겨 채택하는 주제 가운데 하나다.

그리고 이제 사람들은 목회자의 시대가 가버렸다고 속삭이기 시작한다. 현대 사회는 더 이상 목자를 필요로 하지 않는다. 이전 세대의 전형적인 목자는 현대 사회의 무대 위에서는 그 설 자리를 찾을 수 없는 케케묵은 등장인물이 되고 만 것이다. 집집마다 아이들

> 이제 사람들은 목회자의 시대가 가버렸다고 속삭이기 시작한다. … 이것이 많은 사람들이 내린 결론이다. 그렇지만 그것은 잘못되었다.

에게 신앙 고백을 가르치고, 온 식구들을 한자리에 모아 성경을 읽고 기도하며, 상담과 충고를 해주는 아버지와 같은 임무, 은혜롭고 친밀한 영적 안내자로서의 사역, 이 모든 것은 이미 사라져버린 모습이 되었다. 세상은 더 이상 목자를 필요로 하지 않게 되었다. 교육은 사람들이 자기 스스로 생각하고 행동할 수 있게 해주었다. 사람들은 더 이상 양이 아니다. 모든 사람은 자기 자신의 목자가 되었다. 목자가 되어 남을 인도하는 일은 주제넘은 일이 되었다. 부가 증대되면서 사람들은 자신감과 독립성에 대해 새로운 감각을 갖게 되었고, 교역자들의 간섭을 참지 못하게 되었다. 이제 사람들은 이전 시대 사람들은 갖지 못했던 많은 도움들을 갖게 되었다. 수많은 잡지와 서적들이 모든 정보와 자극을 제공해주게 되었다. 깨어 있는 평신도로서는 알 수 없는 것들을 목자가 알고 있는 경우가 거의 없다. 목자도 다른 사람들과 마찬가지로 현재의 관심사에 관해 이야기를 나누고 안부 전화를 하지만, 목회자의 보살핌이라는 옛날의 필요성은 사라지고 말았다. 사람들이 바라는 모든 인도는 프린터의 잉크를 통해 이야기하는 지도자들로부터 얻게 될 것이다.

이것들 외에, 사람들은 매일 힘겨운 삶을 살아가고 있으며, 목회자와 이야기를 나눌 시간이 없다. 사업은 사업이며, 하루 중 가장 치열한 순간에는 한 순간조차도 놓칠 수 없는 것이다. 수많은 사람들이 아침 일찍 일터를 향해 집을 나서 저녁에 녹초가 되어 돌아온다. 아이들은 대부분의 시간을 학교에서 보내며, 여자들은 낮 시간 동안 자신이 맡은 사회적 역할에 푹 빠져 있다. 그래서 목회자가 집안 식구들을 만날 수 있는 시간이라곤 단 한 시간도 없게 된다. 그래서는 목회자가 오는 것을 뜨겁게 기대할 사람은 한 사람도 없다. 그도 바쁘고, 다른 사람도 마찬가지다. 목회자의 사역은 사람들의 요청을 받지도 못하고 결과적으로 형식적인 것이 되어서, 없어도 아무 상관이 없는 그런 것이 된다.

대도시에서 이런 어려움은 특히 극에 달한다. 우리 개신교 교회에는 교구 체제가 자리 잡고 있지 못하며, 교회의 구성원들은 넓은 지역에 흩어져 있어서 목회자의 방문을 수고스럽게 만들어 교회 식구들은 대부분 자기 목회자에게 더 이상 방문을 요구하지 않게 되었다. 더구나, 우리 사회의 상당 부분은 습관적으로 유목민화가 되었다. 수많은 남녀들이 겨울에는 남쪽으로, 여름에는 북쪽으로 그리고 시도 때도 없이 바다를 가로지르며, 가끔씩 전 세계를 여행한다. 많은 그리스도인들이 여름 별장을 소유하고 그곳에서 일 년 중 상당 부분을 보낸다. 겨울이 되면 사람들이 너무 바빠져서 목자의 배려는 부담처럼 느껴지게 된다. 이 시대의 문화가 목자들을 현관까지 배웅하고서는 정중하게 인사하고 밖으로 내보낸 셈이 되었다.

이것이 많은 사람들이 내린 결론이다. 그렇지만 그것은 잘못되었다. 목자의 시대는 이제 막 도래했으며, 그 역할이 지금보다 더 필요했던 때는 없었고, 그가 할 일이 이처럼 많았던 적도 없었다. 물론, 옛날 방식으로 이 일을 할 수는 없다. 옛 질서는 변화되었고, 새로운 기회는 새로운 의무를 가르치며, 시간은 과거의 행동 방식을 투박한 것으로 만든다. 이전처럼 특별한 복식을 차려입은 목회자는 이제 더 이상 필요하지 않지만, 세상은 현재의 필요를 채워줄 목자를 기다리고 있다.

어떤 의미에서 보면 세상은 항상 변하고 있지만, 다른 의미에서 보면 세상은 언제나 동일하다. 석유와 전기는 많은 것들을 변화시켰다. 그러나 다른 것들에 영향을 주지는 않았다. 석유와 전기는 옥수수알의 성장 과정을 변화시키지도 않으며, 사람의 생리적 욕구나 욕망을 바꾸어놓지 않았다. 인간의 영혼은 태초 이래로 지금까지 그대로이며, 아직도 여전히 목자의 보살핌을 필요로 하고 있다. 문명은 단지 겉모습만을 변화시켰을 뿐이며, 내적인 삶은 건드리지 않고 놓아두었다.

학교와 대학도 목자의 일을 시대에 뒤떨어진 것으로 만들지 않았다. 오늘날 대학을 나서는 젊은이들은 세상의 다른 누구만큼이나 목자의 인도를 필요로 한다. 그들 가운데 많은 이들이 종교적인 사고에 혼란을 겪고 있으며, 그리스도의 가르침을 교수들로부터 배운 것들과 화해시키지 못하고 있다. 사람들은 더 이상 전통적인 믿음을 지켜내지 못하며, 그 자리를 대신할 다른 믿음을 찾지도 못하고 있다. 대학 졸업장이 모든 질병에 대한 면역력을 부여해서 그 사람은 더 이상 의사가 필요하지 않다고 누가 생각하겠는가? 대학 과정이 하나님의 아들이 보내신 의사의 치유 능력을 더 이상 필요로 하지 않도록 이끌어 올렸다고 생각할 이유가 무엇인가?

교육이 하지 못하는 일은 또한 돈의 힘을 넘어서게 된다. 돈은 사람의 생각을 거만하게 만들고 그들의 마음이 영적 조언자들을 대하여 완고하게 만들지만, 부자들에게도 가난한 형제들만큼이나 부족한 것들이 많이 있다. 우리 주님도 부자가 하나님 나라에 들어가는 것이 어렵다고 말씀하시지 않았는가? 만일 그것이 사실이라면 부자는 특별히 도움이 필요하며, 그에게 도움을 줄 수 있는 사람 가운데 목자보다 더 적당한 사람이 누구겠는가? 부자는 가난한 사람들과 다를 바가 없다. 두 사람 모두 유혹에 노출되어 있으며, 두 사람 모두 실망과 아픔을 겪는다. 부자와 가난한 사람의 집 모두에 질병과 죽음과 사랑하는 사람과의 이별 그리고 의심과 절망의 어둠이 찾아온다. 두 손에 금을 가득 쥔 부자도 믿음과 소망과 사랑이라는 고귀한 보화를 잃을 수 있으며, 비록 멋진 집에 살더라도 비참하고 불쌍하고 맹목적이고 헐벗을 수 있다. 잘사는 사람은 목자가 필요 없을 것이라는 생각은 잘못이다.

부자들을 무시하거나 경멸하는 사역자는 자신의 소명을 올바로 감당하지 못하고 있는 것이다. 목자들은 언제나 가난한 사람들보다는 부자들에게 더 많은 시간을 바치는 경향이 있다는 생각은 많은 사람들이 갖고 있는 착각이며, 실제로 대다수의 목회자들은 가난한 사람들을 무시하지 않는다. 부자들도 목회자들로부터 계속해서 신앙의 보살핌을 더 많이 받는다면, 처음 믿음을 잃어버리고 세속적인 유희와 파렴치한 속물로 전락하는 부자들이 그렇게 많지 않을 것이다. 우리가 살고 있는 이 거대한 사회에서 부자들보다 더 소홀히 여겨지는 계층도 없다.

부자들의 공동체에서 행하는 목자의 사역은 가난한 이들의 공동체 안에서 하는 사역보다 훨씬 더 어렵다. 그리스도께서도 부자보다는 가난한 사람을 돕는 것이 쉬우셨으며, 그것은 그분의 뒤를 이은 모든 사역자들이 공통으로 겪는 일이다. 그러나 그리스도가 계실 당시 부자들은 항상 그분의 긍휼과 관심을 받았고, 그들에게 그분의 은혜가 충분히 제공되었다. 여리고에서 가장 가난한 거지와 가장 부유한 세리 모두 그분의 자비로움을 누렸다.

돈은 결코 목자라는 직업을 없애지 못하며, 인쇄기 역시 그를 몰아내지 못할 것이다. 책들은 목자의 수고를 필요 없게 만드는 대신, 그가 할 일을 무한정 더 많이 제공해준다. 우리가 살고 있는 현대 사회에서 많은 불행을 불러일으키는 것은 인쇄된 내용들이다.

많은 거짓 선지자들이 세상에 나섰는데, 그들은 하나같이 책이라는 옷을 입고 있다. 모든 늑대와 이리, 뱀과 맹수들은 양들을 흩어버리고 찢어놓기 위해 세상을 돌아다니고 있다. 불신앙의 책들은 무수히 많으며 많은 이들이 그것을 읽고 있다. 바보와 멍청이들, 무식쟁이와 광신자, 무뢰배와 이간질하는 사람들이 신문과 잡지에 글을 쓰며, 자신의 천박한 사상과 저급한 이념과 유해한 공상을 세상에 쏟아 부어 많은 상처를 만들고 있다. 아무리 어리석은 지성과 오염된 마음을 가진 사람이라도 책을 쓸 수 있으며, 수많은 사람들이 그 책을 읽는다. 거짓 진술, 절반의 진실, 피상적인 논리, 제멋대로의 변덕, 미친 듯한 환각, 철학자인 척하기, 노망든 예언 그리고 불분명한 해석이 마치 홍수처럼 세상을 휩쓸어버린다. 미성숙하고 병에 걸리고 모양이 비틀리고 미숙한 지성은 만일 적용된다면 세상을 뒤집어버릴 책략과 프로그램을 퍼트리는 일에 인쇄기를 활용한다. 건전한 두뇌와 명료한 사고가 지금보다 더 필요한 적은 없었다. 사람들을 잘못된 견해의 늪으로부터 이끌어내 그리스도의 진리가 넘치는 방초 동산으로 인도하도록 타고난 재능과 훈련을 통해 자격을 갖춘 목자가 지금보다 더 요구된 적은 없었다.

우리는 때때로 개인적으로 만난 누군가가 겉보기에는 지성인인 그의 머릿속에 똬리를 틀고 있는 기독교에 대한 기이한 오해와 왜곡된 견해들을 보고 경악하게 된다. 심지어 몇 년씩 교회에 출석한 사람조차도 때로는 어렸을 때 습득했어야 했던 것들에 대해 놀라울 정도로 무지함을 드러내기도 한다. 많은 경우, 강단에서의 가르침은 각 사람들이 갖고 있는 특별한 수요에 미치지 못한다. 그리스도께서 니고데모와 그리고 우물가의 여인과 얼굴을 마주하고 말씀하셨던 것처럼 뿌리 깊은 문제를 해결하고 어두움을 흩어지게 하는 것은 서로 얼굴을 마주 보고 대화할 때뿐이다. 인쇄 기술은 목자들이 정복해야 할 새로운 왕국을 만들어냈다.

대도시 지역에서 목회자들의 문제는 비정상적으로 복잡하고 난해하다는 것은 분명한 사실이지만, 오늘날의 도시가 어떤 것인지 알고 있는 사람이라면 도시가 목자들을 필요로 하고 있다는 사실을 부인하지 않을 것이다. 바로 여기서 우리는 예수님으로 하여금 목자 없이 흩어진 양들을 생각나게 한 군중들을 떠올리게 된다. 수많은 도시인들이 자신을 돌봐줄 사람이 없다는 것은 비극이 아닐 수 없다. 수많은 젊은이들이 부모 없이 그리고 조언을 해줄 든든한 친구도 없이 그곳에 살고 있다. 수많은 젊은 여성들이 어머니도 없이 그리고 어머니의 자리를 맡아줄 사람도 없이 그곳에서 살아간다. 수많은 중산층 출신의 남성과 여성이 건강도 소망도 잃어버린 채, 어렸을 때 가졌던 이상을 포기하고 그곳에서 살고 있다. 그곳에서 사는 노인들은 아쉬운 듯 서쪽 하늘을 바라보며 의혹에 잠긴다. 그렇게 많은 무리를 감당하는 것이 목자에게 어려운 일이지만,

어렵다고 해서 포기해도 된다는 이유가 성립하지는 않는다. 염세주의자가 한 도시의 모습을 최대한 암울하게 그

> 도시는 구원받아야 하며, 그들은 목자들을 통하여 구원받아야 한다.

려내고, 자신이 눈으로 보거나 마음으로 느낀 바 있는 목자로서의 사역의 어려운 점과 장애물을 그 안에 잔뜩 쏟아 넣은 뒤에도, 그리스도의 참된 사역자는 기가 꺾이지 않고 오히려 마음을 담대히 하여 목자의 사역에 즉시 뛰어들 것이다. 그 일은 뛰어난 지혜와 굽히지 않는 인내와 꾸준한 성실함과 흔들리지 않는 단호함과 소망의 정신과 변함없는 믿음과 한없는 사랑을 요구한다. 그러나 그리스도께서 이루어지기를 바라셨던 것, 그 일이 성실하게 성취될 때 인류의 미래가 명백히 의존하고 있는 것은 다름 아닌 바로 이것이다. 도시는 구원받아야 하며, 그들은 목자들을 통하여 구원받아야 한다.

목사들이 과거처럼 각광 받을 좋은 기회가 더 이상 존재하지 않는다는 사실은 분명히 인정하고 넘어가야 한다. 과거의 목자들에게는 가부장적인 위엄과 영예가 존재했고, 현시점에서 그것을 그대로 만들어낼 수는 없다. 오늘날의 목자들은 그런 식으로 각광 받을 수 없다. 그는 더 이상 높은 자리에 올라갈 수 없으며, 더 이상 사람들의 눈길을 끌 수 없다. 그러나 그는 여전히 도움이 되며, 이것은 무엇보다 예수님이 생각하실 때 인간이 도달할 수 있는 최고

의 영예다. 오늘날의 목자들은 누룩일 수 있고, 소금일 수 있으며, 빛일 수 있다. 그는 선을 행할 수 있으며, 베풀 수 있고, 모든 사람의 종이 될 수 있으며, 자신의 목숨을 내어줄 수 있다. 우리가 사는 이 세상을 짓고 계시는 하나님은 그 안에 목자들을 위하여 넓고 영광스러운 자리를 남겨두셨다.

지금까지 살펴본 대로 목자들이 섬길 수 있는 기회의 영역이 어느 정도인지 가늠해보자. 무엇보다, 우리 교회들이 목자를 얼마나 절실하게 필요로 하고 있는지 주목하라. 우리는 오랫동안 교회 전반에 걸쳐 교회에 출석하는 사람의 숫자가 줄어들고 등록하는 사람도 감소하고 있으며, 주일학교 학생수도 줄어들고 있다는 소식을 계속해서 들어왔다. 교회에 위기가 닥쳤고, 사람들은 우리에게 예수님이 진정으로 그들이 기대하는 그분인지 아니면 다른 사람을 찾아야 하는지 묻고 있다. 우리의 교회와 성경학교와 신학교에서 일어나고 있는 이러한 숫자의 감소와 함께 목회자들의 임기 역시 지속적으로 감소하고 있다. 목회자들은 이전처럼 교회에 오랫동안 머물러 있지 못하고 있다. 일이 년 정도가 지나면 사역자와 교인들은 목자와 양이라는 관계를 기꺼이 끝내는 일이 자주 일어난다. 목회자는 새로운 풀밭을 찾아 떠나고, 새 청빙 위원회가 조직되며, 이상적인 사람을 찾으려는 고된 시련이 다시 시작된다. 그러나 어떤 때는 사역자가 많은 사람이 경악하는 가운데 오랫 동안 머물기도 한다. 교회의 평화는 제모습을 잃고, 목회자의 마음에는 분노가, 사람들의 마음에는 불만이 가득하다. 아마도 최근처럼 교회들이 이렇게 불안하고 남의 잘못을 들추어내었던 적은 없었을 것이다.

이런 상황을 타개하기 위해 다양한 노력들이 시도되었다. 여러 의사들이 몇 가지 진단을 내렸고, 그들이 처방한 다양한 치료 방법이 있었다. 혹자는 이렇게 말했다. "예배를 풍성하게 합시다. 사람들이 교회에 오지 않는 이유는 예배가 빈약하고 단조롭기 때문입니다. 그러니 여러 가지 예배 의식들을 빌려오고 예배 순서를 새롭게 꾸밉시다. 그러면 우리 교회는 지금까지 교회를 멀리하던 사람들에게 매력적인 모습으로 비칠 것입니다." 다른 사람은 이렇게 말했다. "우리의 신앙 고백을 수정합시다. 너무 길고 학문적입니다. 오늘날 사람들은 과거의 언어로 표현된 교리로 인해 불쾌감을 갖고 있습니다. 그러니 더 간략한 신앙 고백을 만듭시다. 그렇지 않으면, 많은 사람들은 한때 근본 교리라고 불리던 것들에 대해 회의적이므로 아예 신앙 고백 같은 것은 없애버립시다. 그러면 교회의 문이 활짝 열리고 많은 사람들이 들어올 것입니다." 또 다른 이는 이렇게 말했다. "우리 예배를 널리 알립시다. 우리가 무엇을 하고 있는지 사람들에게 알리는 겁니다. 홍보는 적법한 것입니다. 신문을 활용해서 지역에 초청장을 뿌립시다. 교회는 누구나 환영한다는 사실을 널리 알립시다. 그러면 사람들은 교회가 무언가 움직이고 있고, 그들의 영혼에 관심을 갖고 있다는 사실을 알게 될 겁니다." 그리고 또 어떤 사람은 이렇게 말했다. "사람들을 조직화합시다. 여러 그룹과 모임을 결성합시다. 지금까지 우리는 일을 하기는 했지만 그렇게 많이 하지 못했습니다. 이제 사람들로 하여금 선교를 비롯하여 다양한 형태의 교회 활동에 관심을 갖게 합시다. 그러면 하나님 나라가 능력으로 임할 것입니다." 다른 사람은 이렇게 주장했다. "대중의 귀를 솔깃하게 만드는 재능이 있는 복음 전도자를 파송합시다. 우리에게 필요한 것은 불붙은 혀로 사람들을 끌어당기고, 그들을 계속 붙잡아두며, 그들에게 그리스도와 교회를 위하여 결단을 하게 만드는 선지자입니다. 군중 집회를 조직하고 대규모 성가대도 참석하게 하면서 사람을 끌어당기는 프로그램들을 제공한다면, 사람들이 교회에 들어오기를 꺼리는 마음을 몰아낼 수 있을 것입니다." 다른 사람은 이렇게 말했다. "우리는 현재의 설교자와 함께라면 아무것도 할 수 없습니다. 물론 그 분은 좋은 분이기는 하지만, 설교는 못합니다. 그 분의 의도는 좋지만, 그 분의 말은 지루하기만 합니다. 그 분은 설교와 같은 특별한 분야에 걸맞지 않습니다. 그 분은 덜 세련된 사람들과는 잘 해낼 수 있을지 몰라도, 이렇게 비판적이고 말이 많은 교인들을 위해서는 다른 사역자가 필요합니다."

이 여섯 명의 의사들은 한 가지 사실에 동의했는데, 그것은 가장 중요한 것은 사람들을 거룩한 예배당 안으로 끌어들일 수 있는 강력한 흡인력이라는 사실이다. 그들이 공통적으로 갖고 있는 전제는 그리스도의 일은 사람들이 그분의 이름으로 모일 때에만 진정으로 번창하며, 교회가 안고 있는 가장 큰 문제는 주일 예배를 어떻게 매력적인 것으로 변화시켜서 사람들이 떨어져 나가지 않게 만드느냐는 것이다. 그래서 많은 분야에서 이 여섯 가지 방편 가운데 한두 가지, 혹은 더 많은 것들이 시도되었다. 예배는 더 풍성해지고 더 부요해졌다. 신앙 고백은 자꾸 줄어들어 아무것도 남지 않게 되었다. 광고는 더욱 방대해지고 강렬해졌으며, 인쇄기의 잉크가 강물처럼 흘러넘쳤다. 사람들은 여러 기관을 계속 조직했으며, 전문 강사들만이 연사로 나서서 유창한 조언을 전하는 만찬을 개최하는 기술만 연마했다. 엄청난 명성을 얻고 있는 복음 전도자들은 감동적인 메시지를 전했고, 불꽃 같은 자신의 방식을 받아들이라고 촉구했다. 황금의 입을 가진 크리소스톰(Chrysostom)이 마침내 나타날 것이라는 희망 가운데 어느 사역자는 누군가의 후임이 되었다. 그러나 아쉽게도 이 모든 처방들이 시도된 후 교회의 최종적인 모습은, 많은 경우에 이전보다 악화되었다. 오늘날 교회가 해결해야 하는 문제는 목이 곧은 세대이며, 이 전도유망한 실험들은 그들을 그리스도께 인도하는 데 무기력한 것으로 나타났다.

  이따금씩 어떤 사람들은 사람들이 교회로 오게 할 것이 아니라 교회가 사람들을 찾아가야 한다고 과감히 제안하고, 한두 달 정도 벅찬 기대와 희망을 가지고 그 새로운 생각을 시도해본다. 사역자는 교회 문을 잠근 채 극장에 가거나 텐트 안에 들어가거나, 아니면 길모퉁이에 서서 사람들에게 메시지를 전달한다. 이 진취적인 사명 가운데서 몇몇 신실한 사람들은 그 사역자를 따라가서 자신의 기호와 성향을 십자가에 못 박음으로써 자신이 주님의 일을 진심으로 행하기 원한다는 것을 기꺼이 입증했다. 그렇지만 이 모든 노력들에도 불구하고 부흥은 지체되었고, 여러 교회는 자신이 실패하고 패배했다고 인정했다. 한바탕 열정이 발작을 일으킨 뒤에 과거의 냉랭함이 다시 스며들고 말았다. 한동안 많은 무리가 찾아왔지만, 과거처럼 텅 빈 의자가 될 것은 처음처럼 분명했다.

> 🍃 그는 사람들과 함께 살아가고, 그들의 생각으로 생각하며, 그들의 마음으로 느끼고, 그들의 눈으로 바라보며, 그들의 귀로 듣고, 그들의 영혼과 함께 고통당한다.

문제의 해답은 목자, 곧 양이 있는 곳이면 어느 곳이든 사랑하고 위로하고 치료하는 마음으로, 유창한 연설가가 아니라 찾아가는 목자에게 있다는 사실은 가끔씩만 인정되었다. 그는 사람들과 함께 살아가고, 그들의 생각으로 생각하며, 그들의 마음으로 느끼고, 그들의 눈으로 바라보며, 그들의 귀로 듣고, 그들의 영혼과 함께 고통당한다. 그는 그들의 아픔을 품고 그들의 불행을 함께 진다. 그는 그들의 범죄로 인해 상처를 받고, 그들의 죄악으로 인해 아파한다. 그들의 평화에 대한 체벌이 그에게 미치고, 그가 채찍에 맞음으로 그들은 나음을 입는다. 그들은 모두 양처럼 길을 잃었고, 그는 그들 모두의 죄악을 자신이 기꺼이 감당할 것이다. 말세인 오늘날 너무나 부족한 것은 희생하는 사역의 모습이다. 사역자는 지나치게 책에 매인 사람이 되었다. 그는 옛날의 서기관들처럼 학자이며, 때로는 학자인 체하는 사람이기도 하다.

선한 목자가 갈릴리에 나타나셨을 때 그분과 다른 목자들 사이의 차이점은 누구나 금방 알아볼 수 있었다. 예수님의 말에는 긍휼하심이, 그 손길에는 온유하심이 있었는데 그 두 모습은 그분이 슬픔 가운데서 벗어나기 위해 애쓰는 사람들과 함께하신다는 것을 즉시 보여주었다. 오늘날 교회가 안고 있는 가장 커다란 문제점들은 교회가 너무나 많은 부분에서 도시 생활과의 접촉점을 상실했다는 것이다. 교회는 도시의 복잡함과 부족함 가운데 살고 있는 사람들의 영혼과 멀어졌고, 그로 인해 그들에게 영향을 미칠 수 없게 되었다. 기독교는 아름다운 설교, 한 조각의 이상, 멋진 꿈, 시 한 구절, 주일에 하는 한 가지 활동, 설교자가 기계적으로 암송해서 말할 수 있는 어떤 것, 성도들이 그 말에 대해 "아멘"이라고 말할 수 있는 것이지, 진지하고 심각한 일상의 삶과는 거리가 먼 것이라는 생각이 널리 퍼져 있다. 오늘날 세상이 가장 원하고 있는 것은 목자의 일이다. 세상에는 위안과 쾌락이 되는 것들이 널려 있지만,

사랑은 부족하다. 사랑은 인쇄기의 잉크 가운데서, 전도자의 호소 가운데서, 강단에서의 멋진 설교 안에서, 혹은 교리 가운데서는 만족스럽게 표현될 수 없다. 세상이 지금 요구하는 표현은 어린 양을 가슴에 끌어안은, 자기 새끼를 가진 양들을 부드럽게 인도하는, 날마다 양 떼를 위해 자기 목숨을 내어놓는 목자의 사랑이다. 이전 세대에게 하나님의 말씀은 곧 성경이었지만, 오늘날 하나님의 말씀은 예수님과 예수님의 정신을 갖고 있는 사람이다. 진정한 그리스도인이야말로 세상이 읽고 싶어하는 유일한 서신서인 것이다. 많은 사람들은 예배에 별 신경을 쓰지 않으며, 교회 정치에는 더욱 관심이 없고, 신앙 고백에는 그보다 더 관심이 없으며, 전통과 의식에 대해서는 전혀 관심이 없다. 성품이 가장 중요하다. 목양이야말로 인류가 애타게 갈구하는 사역이다. 20세기는 목자의 세기다.

목회자들의 임기가 줄어드는 일은 과거에 목회자들과 맺었던 온유함과 거룩함이 점점 사라진 것에서 기인한다. 사역자와 교회의 관계는 이제 강대상의 스피커와 청중, 개혁자와 공동체, 기술자와 기계의 관계일 뿐, 친구와 동료의 관계가 아니다. 만일 사역자가 단순히 주일에 말씀을 전하는 사람에 지나지 않는다면, 그는 언제라도 교회를 떠날 수 있고 아무도 그를 아쉬워하지 않을 것이다. 만일 그가 공공의 개혁자라면 어느 주말에라도 그곳을 떠날 수 있고, 많은 사람들은 그것을 반길 것이다. 만일 그가 기술자라서 기구들을 다루는 전문가라면 그의 자리는 쉽게 다른 사람에 의해 채워질 것이다. 기술자는 얼마든지 있으니 말이다. 만일 그가 목자라면, 그래서 자기 양들의 이름을 모두 알고 있으며, 그의 양은 그의 음성을 알고 있다면, 그는 한 우리에서 다른 우리로 옮길 때 커다란 외로움과 무거운 마음을 갖지 않을 수 없으며, 뒤에 두고 떠나는 사람들의 마음에 깊은 상처를 남기지 않을 수 없을 것이다. 그것은 목자라는 개념이 희미해지고 연설자 혹은 설교자라는 개념이 지나치게 두드러지게 되어, 교회가 아무렇지도 않게 사역자들을 교체하고 사역자들은 이 교회에서 저 교회로 가벼운 마음으로, 심지어 즐기듯이 이동할 수 있게 되었기 때문이다. 만일 교회가 구원을 받아야 한다면, 반드시 목자라는 개념 가운데 거듭나야 한다.

오늘날 많은 사람에게 목양이 필요하다는 생각은 논란의 여지가 없다. 현재의 도덕적, 종교적 상황은 너무나 많이 알려진 것이기에 여기서 더 이상의 설명은 필요하지 않다. 그 모습은 사진처럼 분명히 묘사되고 천연색으로 화려하게 인쇄되어 우리 눈앞에 놓여 있기 때문에, 인류의 현 상태에 관한 혼란스러운 견해에 대해 아무런 변명이 있을 수 없다. 이 어두운 세상에 우리의 빛나는 문화라는 전깃불이 놓여진 것이다. 예수님은 갈릴리에 모인 무리를 보셨을 때 방치된 양 떼를 떠올리셨다. 팔레스타인의 목자들은 자신의 임무를 다하지 않았다. 그들이 처한 상황은 불쌍하기 그지없었다. 마태는 예수님이 큰 동정심을 느끼신 것은 사람들이 양 떼처럼 고생하고 유리되어 있기 때문이라고 말한다. 이 설명은 한 편의 그림을 보는 것 같다. "고생하다"는 말은 "걱정하다, 지치다, 난처하다, 피곤하다, 녹초가 되다"로 이해해야 한다. "유리하다"는 많은 양 떼가 한두 마리는 이곳에, 또 몇 마리는 저곳에 그리고 또 다른 몇 마리는 또 다른 곳에 내팽개쳐져 있는 모습을 떠올리게 된다. 적의 공격과 목자의 부족한 보살핌으로 인해 양 떼의 연합이 깨진 것이다.

현재의 상황을 묘사하기 위해 이보다 더 좋은 낱말이 무엇이겠는가? 오늘날 많은 이들의 몸과 마음과 처지가 고생 가운데 있지 않은가? 지금은 재건, 재조직, 재조정의 시대다. 강력한 운동이 산업과 교역의 세계 가운데 일어나고 있다. 상황이 요동치고 있으며, 사역은 흔들리고, 지위는 불안정하다. 돈은 날개를 달고 날아가버린다. 심지어 거인들도 무자비할 정도로 궁지에 몰리고 있다. 지금은 돈벌이가 최우선의 시대이며, 사람들은 부를 좇느라 허덕이고 있다. 큰 재산은 그들의 걱정을 배가시켜주었고, 막대한 부를 보며 쓰라린 질투심과 가열찬 불만을 갖는다. 지금은 기계의 시대다. 강철과 전기는 많은 일을 해내지만, 사람들이 지금보다 더 무기력해지고 무거운 짐에 짓눌린 적은 없다. 많은 이들이 영적인 것에 대하여 어쩔 줄을 몰라하고 있다. 지금은 새로운 사상, 참신한 해석, 대담한 가설, 과감한 혁신의 시대다. 모든 것이 격렬한 공격의 대상이 되고 있다. 인쇄 산업은 수많은 사람들의 사고와 상상물에 목소리를 냄으로써 지상을 바벨탑으로 바꾸었고, 사람들은 혼란의 소용돌이 가운데 살게 되었다. 지적인 난관과 실용적인 곤란함이 결합하여 현재의 고통을 일으킨 것이다. 나는 어떻게 생각해야 하는가? 나는 무엇을 믿어야 하는가? 나는 어느 길로 가야 하는가? 나는 무엇을 해야 하는가? 무엇이 사실인가? 무엇이 옳은가? 무엇이 의무인가? 이 낯설고, 복잡하고, 상충되고, 혼란스러운 20세기에 말이다. 확실히 오늘날의 세계는 소리 높여 안내자를 구하고 있다. 많은 사람들이 겪는 고통은 하나님의 교회의 귀에는 목자들을 찾는 외침으로 들린다.

사람들은 고생하고 유리하고 있다. 그들로서는 어찌할 수 없는 힘이 그들을 흩어지게 만들었다. 수백만 명이 이 나라에서 저 나라로 이동하고 있다. 우리가 살고 있는 대도시에는 외국에서 태어난 수많은 사람들이 살고 있다. 또 다른 수백만 명의 사람들이 시골에서 도시로 옮겨와 살고 있다. 옛 가정은 붕괴되었고, 옛날의 유대관계는 깨졌으며, 가정은 흩어졌다. 산업화는 사람들을 서로 분리된 그룹과 계급으로 나누었다. 임금 노동자와 자본가들은 더 이상 멀어질 수 없도록 분리되었다. 사람들은 그들의 재정 상태에 따라 계급이 나누어진다. 모든 도시마다 격조 높은 거리와 어두운 빈민가가 공존하고 있다. 사람들은 자신이 통제할 수 없는 힘에 의해

격리되고 있다. 그래서 그들 사이에는 부자와 거지 나사로의 비유에 나오는 커다란 구덩이처럼 깊고 건널 수 없는 틈이 존재한다. 그 결과는 막대한 의혹과 질투와 적대감이다. 사회 구성원 대부분은 화가 나 있으며, 불만을 품은 사람들의 숫자는 수만이 넘는다. 만일 미움이 살인이라면 오늘날 세상은 온통 살인으로 가득했을 것이다. 이러한 사회적인 소외로 인해 교회가 강력한 사역을 하지 못하는 지역들도 있다. 또 어떤 곳은 교회의 메시지를 사람들이 전혀 들으려 하지 않을 정도로 완고한 편견과 냉엄한 분노를 갖고 있다. 인류에게 지금 필요한 것은 화평케 하는 이들로, 그들은 사회 안의 적대적인 계급 사이에 중재자 역할을 할 사람들이다. 지금 필요한 것은 설득하는 목소리, 부드러운 접근, 동정심 가득한 접촉이다. 지금 필요한 것은 전령이라기보다는 목자이며, 유창한 말씀을 선포할 수 있는 사람이 아니라 선한 일을 행하려 애쓰는 사람이다.

설교를 비판하기는 쉽지만, 사랑 가운데 드러난 선한 의도에 냉소를 짓는 것은 쉽지 않다. 신앙 고백을 처참히 찢어버린 사람도 거듭된 친절한 행동에는 고개를 숙이기 마련이다. 모든 그리스도인은 위선자이며, 모든 설교자는 삯꾼이라고 말하기를 좋아하는 염세주의자들조차도 사랑이 넘치는 마음이 주는 압력을 견뎌낼 수는 없다. 교회에 다니지 않는 사람들 사이에 널리 퍼진 생각은 사역자들은 말쟁이, 곧 자신의 월급을 지불해줄 사람들에게 달콤하고 부드러운 말을 하는 것으로 급여를 받는 아첨꾼이라는 것이다. 이러한 편견을 종식시키기 위해서는 목자의 자기희생적인 사랑만 한 것이 없다. 사람

> 🐑 지금 필요한 것은 전령이라기보다는 목자이며, 유창한 말씀을 선포할 수 있는 사람이 아니라 선한 일을 행하려 애쓰는 사람이다.

들은 종종 이런 질문을 제기한다. "어떻게 하면 교회에 다니지 않는 대중들에게 다가갈 수 있을까? 어떻게 하면 임금 노동자들의 마음을 얻을 수 있을까? 어떻게 하면 육체노동자들의 마음을 얻을 수 있을까?" 웅변가가 그들의 마음을 얻지 못하며, 신학자나 박사 학위를 가진 사람이나 문학적 소양이 뛰어난 사람도 그들의 마음을 열지 못할 것이라고 말해도 틀리지 않다. 그들은 오직 목자에게만 자기 마음을 열 것이다.

에스겔은 자기와 동시대에 사는 사람들의 종교적 상황을 서술하면서 '고생하다'와 '유리하다'란 단어를 사용하지 않았다. 선지자 에스겔은 당시 양들이 흩어져 있던 사실을 자세히 묘사한 뒤에 이렇게 덧붙였다. "내 양 떼가 노략 거리가 되고 모든 들짐승의 밥이 되었다"(겔 34:8). 이 까마득히 먼 옛날에 대한 설명은 오늘날도 마찬가지다. 염세주의와 혼란이 판치는 모든 시대마다 사람들은 허풍쟁이와 광신자의 손쉬운 먹이가 되었다. 기독교를 벗어나 콩깍지로 배를 채우는 이들은 점점 굶주려가다 우연히 자기 앞에 나타난 첫 번째 거짓 종교 지도자의 손에 자신을 내던지고 만다. 기독

교를 받아들이는 것은 너무 힘들다고 생각하는 사람들의 맹신보다 놀라운 것은 없다. 최근의 역사 가운데서 결국에는 아무것도 아닌 것으로 결말지어진 수많은 종교 운동의 발흥과 번창에 관한 이야기보다 더 슬픔을 자아내는 일은 없다. 자국 내의 모든 교회와 학교를 누구보다 자랑하고 있는 미국은 종교를 빙자한 사기꾼과 주술사들의 천국이다. 그것은 유복하게 살아가는 광범위한 계층들의 세속주의와 실용적인 무신론으로 말미암은 것이다. 신약에 나타난 마술사 시몬과 같은 부류의 사람은 한 번도 사라진 적이 없으며, 계몽된 북미에서도 마치 미개했던 사마리아에서 시몬이(혹은 그의 아내가) 등장하여 자신이 어떤 위대한 존재라고 주장할 때 그랬던 것처럼 많은 이들이 이런 말을 하며 그들의 주의를 기울인다. "이 사람은 크다 일컫는 하나님의 능력이라"(행 8:10). 모든 대도시에는 유사 종교가 들끓고 있는데 그곳에 빠진 사람들 가운데는 어느 정도 기독교적인 분위기로 치장한 철학적인 혼합 사상에 푹 빠진 사람들이 상당수 있다. 그리고 늑대는 언제나 그렇듯이 간교해서 양들을 잡아먹으며 자기 배를 불리고 있다. 많은 사람들이 옛날과 마찬가지로 누구에게서도 도움을 얻지 못하고 있다. 목자 없는 그들은 "들짐승들의 먹이"가 된다.

에스겔은 이 상황을 눈물로 하나님께 호소했다. "내 양 떼가 모든 산과 높은 멧부리에마다 유리되었고 내 양 떼가 온 지면에 흩어졌으되 찾고 찾는 자가 없었도다"(겔 34:6). 지금의 상황은 그때처럼 어둡지 않다. 수많은 신실한 목자들이 현장에 있다. 그러나 그들의 숫자는 현재의 위기 상황에 비하면 충분하지 못하다.

사람들은 시야에서 사라지고 있다. 많은 것들이 그들을 보이지 않게 하려고 음모를 꾸미고 있다. 증기 기관을 통해 공장과 제분소가 만들어졌고, 사람들은 자기 집과 작은 가게에서 끌려나와 거대한 건물 안에서 무리지어 일하게 되었다. 그날에 그들은 개인이 되기를 멈추고 '노동자'로 전락했다. 사업 세계에서 협동의 원칙은 법인, 조합, 기업 합동과 같은 형태로 나타났고, 국가에 의해 창조된 이 더 커다란 인격체 안에서 개인들은 사라지고 말았다. 도시의 성장은 개인의 모습을 말소시키는 방향으로 진행되며, 사람들은 함께 모일 때 자신의 개인적인 가치를 망각하게 되었다. "이 거대한 도시에서 내가 생각하거나 말하거나 하는 것이 무슨 의미가 있어?" 그래서 많은 사람들의 입에서 이런 독백이 자연스럽게 튀어나온다.

유전과 환경이 인간의 삶을 지배하는 영향력이라고 강조하는 현대 사조는 많은 이들에게서 개인의 책임이라는 의미를 깨뜨리는 데 일조하고 있다. 어린이들은 그 부모로 인해 현재의 모습이 되었기 때문에 책임을 물을 수 없으며, 부모들은 사회의 산물이기 때문에 역시 책임을 물을 수가 없다. 이런 식으로 개인의 양심은 무디어지고 개인의 책임이라는 불꽃은 조용히 사그라든다. 오늘날 모든 대화의 주제는 사회적인 문제, 공동의 책임, 제도적인 기능에 관한 것이다. 사회는 점점 거대해지고 개인은 점점 작아진다. 여기에 목자에 대한 요청이 있다. 목자는 개인을 인정하는 눈을 갖고 있다. 그는 혼자 있는 양을 본다. 그는 개인적인 필요를 보살핀다. 선한 목자는 언제나 이렇게 말한다. "나는 내 양을 알고 양도 나를 안다"(요 10:14). 그는 자기 양들을 부를 때 그 이름을 하나하나 부른다.

우리가 추적할 수 있는 사도 요한이 마지막으로 기록한 문장이 "친구들에게 일일이 문안해주시오"(요삼 1:15, 현대인의 성경)임은 매우 흥미로운 사실이다. 요한은 선한 목자의 마음에 가장 가까이 간 사람으로, 자신이 기록한 복음서 안에서 예수님이 말씀하신 목자는 자기 양을 그 이름으로 부른다는 비유를 전해주고 있다. 그리고 요한은 마지막 순간에 우리에게 이 인격적이고 개인을 인정하는 만남을 잊지 말라고 말하고 있다.

모든 사도는 개인의 의미를 가르쳐준 위대한 교사다. 그들은 그것을 스승으로부터 배웠다. 신약에서 가장 감동적인 부분 가운데 하나는 바울이 로마 교인들에게 쓴 서신서의 마지막 부분이다. 그 내용에는 우리 교회 안에서 자주 읽어야 하는 사람들의 이름이 죽 나열되어 있다. 그 이름들은 우리에게 아무런 의미가 없지만, 그 이름을 알고 있는 이들에게는 무엇보다 중요한 의미를 갖고 있으며, 그 장이 회중들 앞에서 읽혀졌을 때 그들의 마음을 얼마나 따뜻하게 했을지 생각한다면 우리의 마음 역시 따뜻해져야 마땅하다. 우리는 바울을 누구보다 뛰어난 신학자로 생각하지만, 그를 이상적인 목회자로는 생각하지 않는 경우가 많다. 그는 죽음의 순간까지도 신실한 목자였다. 로마 감옥에 갇혀 사형을 선고받고 마지막 편지를 기록하는 가운데서도, 그는 목회자로서 이런 아름다운 문장을 적어내려갔다. "브리스가와 아굴라와 및 오네시보로의 집에 문안하라 에라스도는 고린도에 머물러 있고 드로비모는 병들어서 밀레도에 두었노니"(딤후 4:19). 위대한 사도의 마지막 편지가 이런 평범하고 사소한 내용으로 끝을 맺고 있다는 것이 이상하지 않은가? 그러나 그것은 조금도 이상한 일이 아니다. 바울의 마지막 서신의 맺음말이 보여주는 양식과 요한의 마지막 서신의 끝부분이 보여주는 문체는 하나의 계시다. 그것은 교회 안에서 목자의 손길이 어떤 위치인지를 드러내주고 있다.

마태에 의하면 고생하며 유리하는 양 떼에 대해 우리 주님이 베푸신 긍휼의 마음이 이런 권면을 낳았다는 것을 언급하는 것은 의미가 있다. "추수하는 주인에게 청하여 추수할 일꾼들을 보내 주소서"(마 9:38). 오늘날 목자들이 해야 할 일은 엄청나게 많은데 목자들은 적다. 당신의 임무 가운데 하나는 계속 기도하면서, 사람들로

> 오늘날 목자들이 해야 할 일은 엄청나게 많은데 목자들은 적다. 당신의 임무 가운데 하나는 계속 기도하면서, 사람들로 하여금 더 많은 일꾼이 일할 수 있게 해달라고 기도하도록 가르치는 것이다.

하여금 더 많은 일꾼이 일할 수 있게 해달라고 기도하도록 가르치는 것이다. 만일 당신이 그렇게 기도하고, 또한 사람들도 그렇게 기도한다면 당신이 목회자로서 섬기는 가운데 직접 훈련시키고 지도한 점점 더 많은 자원하는 목회자들을 얻을 수 있을 것이다. 그러므로 당신이 맡은 교회가 대형 교회가 된다면 당신은 한두 명 이상의 고용된 협동 목자를 얻을 수 있으며, 그럼으로써 모든 형태의 목자로서의 섬김이 즉각적이면서도 신실하게 시행될 수 있을 것이다. 만일 당신의 교회가 대도시 안에 위치하고 있다면, 당신에게는 이미 목회자 스태프가 필요한 것이다. 왜냐하면 목회 직무를 얼마나 효율성 있게 수행하느냐에 따라 당신의 교회는 현 상황이 요구하는 것들을 채워주며, 하나님이 이 순간 당신의 손을 통해 융성하게 하고 싶어하시는 일들을 성취하게 될 것이기 때문이다.

• • •

세간에는 많은 사람들의 생각에 영향을 끼치는 두 가지 사상이 흐르고 있는데, 그것은 효율성과 보존이다. 우리는 이 두 낱말을 사방 어디에서나 찾아볼 수 있다. 그것은 우리의 일상의 대화 가운데에도 자리하고 있다. 사람들은 어디서 어떻게 하면 더 많은 효율을 거둘 수 있는가? 그리고 어떻게 하면 현재 낭비하고 있는 것들을 절약할 수 있는가?라고 묻는다. 사업가들은 자신의 조직을 점검하면서 어느 부분을 개선할 수 있는지 찾으려 애쓴다. 경쟁이 심화되면서 모든 서툴고 낭비적인 과정을 제거하려는 노력이 심화되었다. 사업의 모든 분야는 최고도의 완벽한 수준까지 이끌어 올려야 한다. 사람들은 결과를 추구한다. 기계는 가능한 많은 물건을 생산해내야 한다. 투입된 에너지와 거기서 생산된 물품의 비율은 반드시 개선되어야 한다. 운명이 여기에 걸려 있다. 사업이 계속 존재할 수 있는 길은 여기에 달려 있다. 기준은 어느 부분에서건 높아졌다. 십 년 전에 괜찮은 것으로 여겨졌던 것이 지금은 더 이상 용납될 수 없게 되었다. 모든 능력 있는 사업가는 자기 사업의 모든 분야에서 더 높은 수준의 효율을 요구한다.

농업 분야에서도 이런 열망은 이미 놀라운 결과를 산출해내고 있다. 사람들은 전 세계에 걸쳐 어떻게 하면 토지에서의 수확을 증대시킬 수 있는가 하는 문제를 놓고 연구하고 있다. 이제 우리는 토지가 생산할 준비가 된 것들을 얻기 시작했을 뿐이며, 토지가 생산해낼 수 있는 식량의 한도를 뛰어넘는 인구 증가에 관한 암울한 예언은 무지한 상상력의 산물이라는 것이 분명해졌다. 한 지혜로운 사람이 최근에 이런 말을 했다. "만일 우리가 땅으로부터 최대한 많은 것을 얻어내려면 땅으로 내려가야 한다." 이것은 사역자들에게도 마찬가지다. 만일 그가 사람들에게서 최대한 많은 것을 얻으려 한다면 그는 사람들이 있는 곳으로 내려가야만 한다. 교회는 농장과 같다. 보통의 교회는 마땅히 맺어야 하는 만큼의 열매를 맺지 못한다. 사람들이 교회에 더 많은 수확을 요구하는 것은 정당하다. 그들은 교회가 사회의 개선을 위해 충분히 일하지 않는다고 역설한다. 교회의 숫자와 재산과 문화를 고려한다면 교회는 현재의 기대치에 부합하지 못하고 있는 셈이다. 사역자들은 농부와 마찬가지로, 땅을 새롭게 연구해야 한다. 더 광범위한 지식과 풍부한 기술이 있다면 '수확'은 두 배, 아니 네 배로 증대될 수 있다.

그것을 위해 필요한 몇 가지 단계는 인간의 본성에 대한 재연구다. 그 결과 우리는 개인의 삶에 더 많은 노력을 기울이게 될 것이다. 우리 사역자들은 지나치게 비현실적인 모습을 갖고 있었다. 만족스러운 결과를 얻기에는 너무나 많은 일반론, 통상적인 방법에 대한 지나친 의존, 너무나 많은 저돌적이고 무모하며 허둥대는 행동들이 있었다. 만일 농부가 옥수수가 심겨진 고랑에 하나의 옥수수를 더 심을 수 있다면, 왜 사역자는 고통과 기도를 통하여 교회 안에서 성장하는 성도의 숫자를 늘릴 수 없겠는가? 만일 농부가 더 많이 생각하여 옥수수 평균 산출량을 100그램 더 늘릴 수 있다면,

사역자들 역시 하나님의 율법에 순종함으로써 자기 교회의 평균 출석 교인들 가운데 그리스도의 성품의 무게를 충분히 증대시킬 수 있을 것이다. "새로운 개종자는 너무 적은데, 경박하고 왜소한 그리스도인은 너무 많다." 이것은 너무나 많은 교회를 향한 충분히 근거 있는 비난이 아닌가? 엄밀하고도 정확한 현시대에서, 목회자들은 과거보다 더욱 섬세하고 친밀하며, 더욱 지적이고 과학적이며, 더욱 신실하고 노고를 아끼지 않으며, 더욱 인격적이고 섬세해야 한다. 목자의 일, 곧 모든 양의 이름을 하나씩 아는 것은 모든 양들에게 목자를 알 수 있는 기회를 제공하는 것으로, 이것은 각성한 교회가 반드시 나아가야 하는 방향이다.

또 다른 개념인 보존은 효율성에 대한 열망으로 인해 불거진 것이다. 낭비를 용납할 수 없게 된 것은 사람들이 극도로 실용적이 되고 더 많은 결과를 요구하기 때문이다. 경제는 지구상 모든 나라의 표어가 되었다. 우리는 어떻게 폐기물을 활용할 수 있을까? 어떻게 하면 현재 낭비되고 있는 에너지를 효과적으로 사용할 수 있을까? 어떻게 하면 낭비될 힘을 절약할 수 있을까? 이것은 어디서나 모든 깨어 있는 사람들이 하는 질문들이다. 왜냐하면 세계의 인구는 증가하고 있기 때문에 많은 대책들이 세워져야만 한다. 우리의 모든 자원은 한정되어 있다. 우리는 우리의 보물들이 낭비되도록 내버려두어서는 안 된다. 국가는 우리 모두를 위한 모범을 제시하고 있다. 국가는 나라 안에 있는 모든 늪지를 탐사해 어떻게 하면 그곳을 비옥한 농지로 바꿀 수 있는지 알아본다. 국가는 또한 사막을 측정하여 그곳에 물을 댈 계획을 세운다. 국가는 나라 안의 삼림의 가치를 계산하고 삼림의 황폐화를 막을 방안을 강구한다. 여러 나라들은 폭포의 힘을 측정하여 그것으로 할 수 있는 일들을 계산한다. 사람들은 오랫동안 경이로움으로 나아가라 폭포를 바라보다 그곳에서 전기와 빛을 얻었다. 그리고 지금은 바다 물결을 바라보면서 어떻게 하면 바다를 통해 빛과 열을 얻어 우리를 위해 사용할 수 있을지를 궁리한다. 물질 자원은 경제적인 가치가 어느 정도인지 샅샅이 탐사되며, 한층 검소하고 절약할 수 있는 방식으로 활용되고 있다.

그러나 우리 시대의 천재들이 최고의 모범을 보인 분야는 바로 인간의 삶이다. 수많은 전문가들이 먹을 것과 영양 공급, 건강과 질병의 문제를 다루고 있다. 인간의 삶은 이제껏 엄청나게 낭비되어 왔다. 수많은 이들이 정부의 무능에 희생되었고, 그보다 많은 이들이 개인의 무지로 인해 희생되었다. 세상은 삶의 가치를 깨닫기 시작했다.

무덤이 병으로 요절한 사람들로 들어차는 것은 하나님이 기뻐하시는 일이 아니다. 도시는 사망률과 전쟁을 벌이고 있고, 이미 그 수치는 놀라울 정도로 줄어들었다. 거대한 연구 기관에서는 식품의 영양가를 연구하고 있으며, 에너지를 만들어내는 능력에 따라 식단에 등급을 매기고 있다. 그들은 질병을 피할 수 있는 방법들을 습득하고 있다. 질병 예방학, 혹은 질병을 막는 기술이 전면에 부각되고 있고, 새로운 차원의 약품인 예방약이 다른 모든 약들을 선도하고 있다. 외과 의사의 메스는 한때 우리가 경악할 정도로 치명적이었지만, 소독술의 발달은 대부분의 외과 수술을 안전하게 만들었다. 현재 전문가들은 질병으로 손상된 조직을 더욱 신속히 건강하게 만들고, 회복 과정을 앞당길 수 있는 방법을 발견하기 위해 매진하고 있다. 지금의 시대는 삶, 신체적 삶에 대해 과거 어느 때보다 많은 관심을 갖고 있다. 그 결과 수명이 연장되었다. 이전에 사람들은 60세면 노인이었지만, 요즘은 70세가 되어도 그리 늙지 않는다. 그래서 하나님의 뜻을 따르는 사람이 80세가 되어도 늙지 않을 그런 시대가 오고 있다. 비록 우리의 키를 한 자라도 더할 수는 없을지 몰라도, 살아가는 법을 앎으로써 이 땅에서의 삶을 최소한 한 뼘은 늘릴 수 있게 된 것이다.

　이런 일들은 목회자가 영혼을 구하는 기술을 증대시키기 위한 단서들을 모을 기회가 된다. 그렇게 많은 영적 에너지가 허비되어야 할 필요는 없으며, 그렇게 많은 영혼이 죽어야 하는 것이 하나님의 뜻이 아니다. 의약품은 우리에게 하나의 실마리를 제공해주었다. 오늘날 의사는 개인과 연관되지 않으면 아무것도 아니다. 의사들은 무리로 모여 있는 사람들을 다루지 않는다. '한 번에 한 환자' 이것이 전세계 모든 병원의 규칙이다. 모든 환자들은 그가 누워 있는 침대 머리맡에 자기만의 차트를 걸어놓고 있다. 그의 체온, 그의 맥박수 그리고 그의 호흡수가 정확하게 기록되고 있다. 모든 환자들은 자신만의 식단과 특별한 치료 방법 그리고 특별한 간호 방식을 갖고 있다. 환자 개인에 대해 베풀어지는 이런 24시간 경계 근무, 투철한 보호, 세세한 관찰 그리고 정확하고 섬세한 대우야말로 현대 사회를 기적으로 채우며 인간의 몸을 가진 의사들에게 비할 데 없는 명성을 안겨주는 주인공이다. 대도시 사람들의 사망률이 감소하는 것은 획기적인 치료법, 위대한 방법들을 통해서가 아니라 한 환자에 대한 성실한 간호, 곧 이러한 보살핌과 간호가 없었다면 죽었을 하나의 몸에 행해지는 사랑스러운 보살핌으로 인한 것이다.

이와 동일한 정책이 우리 교회 안에도 채택된다면 그와 동일한 놀라운 결과를 맺게 될 것이다. 현재 우리가 채택하고 있는 체제 아래서는 방대한 분량의 에너지가 낭비되고 있다. 그리스도인들은 에너지로 가득 차 있지만, 많은 경우 그 에너지는 헛바퀴만을 돌린다. 모든 교회에는 아무런 열이나 빛도 만들어내지 못하는 나이아가라 폭포가 하나씩 있게 마련이다. 그리고 모든 교회에는 기술자의 솜씨로 물을 대주기만 하면 장미꽃을 피울 수 있는 사막도 있다. 또한 필요한 지식과 재능이 준비된다면 충분히 물이 빠질 수 있는 늪지대도 있다.

모든 교회에는 자신의 삶을 크게 허비하고 있는 세 종류의 사람이 있다. 그들은 첫째, 수동적인 그리스도인이며, 둘째는 세리와 죄인이며, 셋째는 사마리아인들이다. 이들은 목자가 반드시 적당한 보살핌을 계속해서 베풀어야 하는 사람들이다. 물론, 수동적인 그리스도인이란 길을 잃은 이들이다. 최소한 하나님의 목적과 관련해서 말이다. 만일 그가 하나님의 나라를 세우는 일에 아무런 기여를 하지 않는다면, 그의 이름이 교회에 올라 있는 것이 무슨 의미가 있겠는가? 세리와 죄인들은 변절자들로서, 교회를 벗어나 드러내놓고 멀어진 이들이다. 사마리아인들은 단지 교회 밖에서 세속적이고 이교적이지만, 하나님의 계획 안에서 보면 사마리아는 언제나 약속의 땅의 일부다.

> 🍃 모든 교회에는 자신의 삶을 크게 허비하고 있는 세 종류의 사람이 있다. 그들은 첫째, 수동적인 그리스도인이며, 둘째는 세리와 죄인이며, 셋째는 사마리아인들이다.

예수님이 오시기 전 유대 교회의 목자들은 이 세 부류의 사람들이 모두 자기들로부터 떨어져나가는 것을 허용했다. 수많은 유대인들은 단지 형식주의자들에 불과해서, 성령이 주시는 생명을 갖고 있지 못했다. 또한 다른 이들은 목자의 눈에 전혀 소망이 없는 모습이 되어갔다. 반면 사마리아는 가증스러운 곳으로 간주되었고, 그 지역 사람들은 상종하지 못할 사람들이며, 그들의 존재 자체가 경건한 히브리인들의 마음에는 짜증을 불러일으키는 것이었다. 선한 목자이신 예수님은 이 땅에 오셨을 때 자신이 할 일이 무엇인지 분명히 이해하셨다. 그래서 즉시 이 세 부류의 사람들을 활용하는 일에 착수하셨다. 그분은 게으른 자들을 포도원에 보내셨고, 세리와 죄인들 그리고 심지어 사마리아인들의 손을 붙잡고 이렇게 말씀하셨다. "눈을 들어 밭을 보라 희어져 추수하게 되었도다"(요 4:35). 예수님의 시선으로 세상을 바라보는 이에게는 쓸모없는 사막도, 매립할 수 없는 늪지도, 거룩한 나라의 일부가 될 수 없는 사마리아도 존재하지 않는다. 예수님은 인간의 본성을 변화시키는 방법의 대가이셨으며, 그분의 방법은 바로 목자의 방법이었다. 그분은 산헤드린 공회에 속한 한 노인의 마음을 휘저으셨다. 그분은 세리 가운데 한 사람과 친구가 되신 날 모든 세리의 마음을 감동시키셨다. 그리고 단지 한 명의 사마리아 여인에게 친절을 베푸심으로써 완고한 많은 사마리아인들의 마음을 녹이셨다.

　교회의 사역은 한 개인을 대상으로 하는 사역이라는 것을 깨달을 때 그 어떤 교구도, 비록 그 영역은 제한되는 일이 있어도, 너무 작은 곳은 없게 된다. 모든 교회에는 상상할 수 없을 만큼의 해야 할 일들이 있다. 젊은 사람들은 자신이 사람들 앞에서 위대한 설교를 할 수 없다고 해서 삶을 허비해서는 안 된다. 사역과 관련된 웅변으로서의 개념은 제거하고 그 자리에 목자의 개념을 집어넣으라. 교회가 우둔하고 죽어 있다고 해서 등을 돌려서는 안 된다. 오벌린(Oberlin)이 자리 잡기 전까지 프랑스에 있는 보주(Vosges) 골짜기보다 더 우둔하고 어리석고 희망이 없었던 지역이 어디 있었는가? 리처드 백스터(Richard Baxter)가 자신의 위대한 마음을 쏟아붓기 전까지 키더민스터(Kidderminster)보다 더 반종교적이고, 타락했으며, 불신앙적인 교회가 어디 있었는가? 세상에 제아무리 황폐하고 귀신에 사로잡혀 있는 곳이라도 목자의 따스한 보살핌을 받는다면 낙원의 꽃을 피우지 못할 교회가 존재할 수 있다는 생각은 추호도 하지 말라.

4장
목자에게 다가오는 유혹

●목자에게는 많은 유혹이 다가온다. 그 가운데 두 가지를 살펴보자. 이 두 가지가 선택된 이유는 우리 주님과 그분이 세우신 사도 두 사람이 특별히 그리고 반복해서 경고하고 있는 것이며, 1900년 동안의 경험에 비추어볼 때 이 두 가지가 가장 교활하고, 자주 일어나며, 가장 치명적인 것이기 때문이다. 그것은 바로 이익에 대한 사랑과 힘에 대한 사랑, 다시 말해서 탐욕과 야망으로 개인적인 만족을 소유하려고 하는 터무니없는 욕심과 영달, 탁월, 권세에 대한 불법적인 사랑이다. 기독교 역사는 이런 것들이 목자의 문 앞에 웅크리고 있는 짐승과 같이 항상 도사리고 있는 기본적인 범죄임을 분명히 보여주고 있다.

탐욕은 우리 생각에 돈과 자주 연결이 되며, 새삼스럽게 사역자가 빠지기 쉬운 두 가지 범죄 가운데 하나가 돈에 대한 과도한 사랑이라고 반복하는 것은 어리석은 일처럼 보인다. 세상은 이 점에 관해 사역자들을 고소할 준비가 항상 되어 있으며, 그것은 아마도 보통 사람들이 돈이 갖고 있는 흡인력에 이끌리기가 너무 쉽기 때문일 것이다. 사역자를 향한 전통적인 비웃음 가운데 하나는 "월급이 많을수록 목소리가 커진다"는 것이다. 오늘날 평신도라면 중요한 이익을 희생시키지 않고 자기 수입을 증가시킬 수 있다면 얼마든지 합법적으로 자신의 자리를 교체할 수 있지만, 사역자가 그런 일을 한다면 많은 사람들이 탐욕스러운 행동, 혹은 기껏해야 수치스러운 행동으로밖에 여기지 않을 것이다. 많은 사람들은 사역자들이 마땅히 가져야 할 이상의 돈을 소유하지 않고, 마땅히 해야 할 생각 이상으로 자기 급여에 대해 생각하지 않기를 바라는 질투 어린 걱정을 한다.

그러나 이런 고발은 공정하지 못하다. 일반적으로, 사역자는 돈을 유난히 좋아하는 사람들이 아니다. 세상에 그들보다 돈에 대해 덜 생각하거나 그것에 대해 덜 관심을 갖고 있는 사람은 없다. 어떤 사람이 사역을 하고 있다는 사실은 그가 금송아지를 숭배하고 있지 않다고 추정할 수 있는 증거가 된다. 만일 돈을 벌기 위해 사역에 뛰어든 사람이 있다면 얼마나 어리석은 사람인가! 일반적인 사역자의 급여는 불쌍할 정도로 작으며, 수많은 이들의 급료는 교회에 수치를 가져다주고 있지 않는가? 사역에 뛰어든 사람들은 실제적으로 가난하게 되기로 맹세하는 것이다. 그는 부자가 되는 길을 등지고 가는 사람이다. 그는 부자가 되겠다는 모든 가능성을 포기한 사람이다. 우리가 살고 있는 이 나라에서 이제까지 섬

> 만일 돈을 벌기 위해 사역에 뛰어든 사람이 있다면 얼마나 어리석은 사람인가! … 사역에 뛰어든 사람들은 실제적으로 가난하게 되기로 맹세하는 것이다.

김의 사역을 통하여 많은 돈을 번 사람은 한 사람도 없었다. 간혹 사역자가 많은 재물을 소유한 적도 있었지만, 그것은 그가 한 교회의 목회자로서 받은 급여를 통해서가 아니다. 많은 급여를 받는 사역자는 극소수이며, 그것도 대도시의 호사스러운 생활을 충족시키기에는 많이 부족하다. 따라서 사역자들이 돈을 탐한다는 비판가들의 고발은 중상모략에 불과하다. 우리가 살고 있는 세상, 곧 돈을 사랑하고, 돈을 추구하며, 돈에 미친 세상에서 수많은 젊은이들이 해마다 다른 직업을 택했을 때 주어질 화려한 재정적인 유혹을 등지고 가난을 운명으로 받아들여야 하는 직업에 헌신하기로 선택한다는 것은 이 세기가 경험한 가장 고상한 현상이자, 성령이 아직도 우리 가운데 거하신다는 것을 보여주는 명백한 증거다.

그러나 탐욕이 반드시 돈에 대한 사랑을 의미할 필요는 없다. 탐욕은 자신의 욕심을 채워주는 모든 것에 대한 지나친 욕망이다. 그것은 소유하고 획득하고자 하는 성향이다. 돈은 사람들이 얻거나

소유할 수 있는 유일한 것이 아니며, 돈이 사역자가 소유할 수 있는 것과 거리가 멀다는 사실 때문에 그는 자신의 영향력이 미치는 곳에 놓여 있는 다른 것들에 더 욕심을 낼 수도 있다. 탐욕은 인간 본성에 깊이 깔려 있는 본능이며, 만일 그것이 한 가지 방향으로 분출되지 못한다면 다른 방향을 차지하기 위해 안간힘을 쓰게 된다. 사역자의 급여에 대해 말할 때 사역자가 일 년 동안 받는 돈의 양에 대해 말하는 것으로 그쳐서는 안 된다. 돈은 사역자가 일 년 동안 지급받는 것들 가운데 한 가지 요소에 지나지 않는다. 그는 돈을 받을 뿐 아니라 감사와 칭찬과 박수와 존경을 받는다. 그는 화폐만 받는 것이 아니라 교양 있는 사람에게는 화폐보다 더 가치 있는 사회적인 특권과 지위도 아울러 받는다. 그는 연구와 자기 함양과 묵상과 학구적인 성품이 기뻐하는 조용한 정진의 기회를 갖는다. 그에게는 보석보다 값진 보상이 주어진다. 세상 사람들이 전혀 알지 못하는 미묘하고 달콤한 만족이 그의 것이다. 어떤 면에서 사역자는 지역 사회에서 가장 낮은 급여를 받고 있지만, 다른 의미에서 그보다 더 풍성한 보상을 받는 사람은 없다. 하나님께로부터 사람들이 살아가는 길을 인도하도록 부르심을 받은 사역자는 지상의 셈법으로는 계산할 수 없으며, 그 지역에서 가장 많은 급여를 받는 사람과 바꾸지 않을 보수를 받고 있다.

그렇다면 목회자가 가장 위험한 유혹에 직면하는 곳이 바로 이

부분이라는 말은 옳다. 그는 마치 중세에 농노들로부터 불법적인 진상품을 요구하는 귀족처럼 자신을 교회의 중심이 되게 하려는 유혹을 받는다. 한 청교도 설교자가 이렇게 선포한 적이 있다. "탐욕스러운 사람은 자신이 세상을 위해 태어난 것이 아니라 세상이 자기를 위해 지음받은 것인 양 살아간다." 이 정의에 의하면 탐욕스러운 사역자가 없겠는가? 그들은 마치 교회가 자신을 위해 세워진 것처럼 생각하고 행동하지 않는가? 사람들은 그리스도인의 섬김, 교회가 우선이어야 한다는 생각 그리고 교회가 목회자를 위해 존재하는 것이 아니라 목회자가 교회를 위해 존재한다는 생각을 하지 못한 채 신학교에 가기도 한다.

어떤 사역자들이 서로 나누는 대화의 내용보다 더 우리를 낙심케 하는 것도 없다. 그들은 자신이 소중하게 여기는 계획들을 성취하는 동안 생활에 필요한 급여를 제공해줄 교회를 찾고 있다고 매우 담담하게 고백한다. 그들이 찾고 있는 교회는 특정한 지역에 위치해야 하며, 일정한 급여를 제공해야 하고, 일정한 사택을 갖고 있어야 하며, 특정한 종류의 사람들로 구성되어 있어야 한다. 때때로 사역자들은 부끄러워하거나 얼굴도 붉히지 않고 개인적인 구상을 말하고, 자기 자신의 개인적인 이익 외에 아무것도 고려하지 않고 첫 번째 교회에 부임해 들어가기도 한다. 그런 사람이 교회를 맡으면 비극이 시작된다. 그는 자신의 취향에 맞추어 연구 방침을 기획한다. 그는 자신의 지적인 성향이 이끄는 분야를 깊이 파고든다. 그리고 아마, 학교에 다닐 때 시작했을 특정한 분야를 마친다. 그는 자신이 좋아하는 잡다한 철학이나 학문에 온 노력을 기울인다. 사람들에 대해서는 상관하지 않는다. 그들은 무엇을 통해서든 만족을 얻어야 한다. 모든 설교는 그 안에 무엇인가가 담겨 있고, 그 무엇이 어떤 것인지를 발견하는 것은 평신도의 몫일 뿐이다. 주일마다 굶주린 양들이 찾아오지만 그들은 충분히 먹지 못한다.

임명된 지도자가 외부적인 모험에 관심을 기울이느라 사람들에게 전혀 신경을 쓰지 못하는 것 때문에 갈라지는 교회는 하나님을 진정으로 사랑하는 모든 이들의 마음에 고통을 안겨주며, 하늘의 천사들에게 분노를 일으키는 참상을 제공한다. 때때로 교회는 사역자들에게 더 좋은 곳으로 가기 위한 디딤돌로 활용되는 경우가 있다. 사역자는 그리스도의 나라를 확장시키겠다는 의욕도 없이 한 교회에 들어가는데, 그것은 오로지 그 교회에서 벗어나 자신에게 마땅한 더 근사한 수준으로 옮기기 위한 목적일 뿐이다. 그런 사람은 대개 놀라울 정도로 자부심이 강하다.

탐욕은 온갖 종류의 찔레와 가시덤불이 자라는 토양이다. 만일 탐욕이라는 독이 사람의 혈관 속에 흐른다면, 그가 생각하고 행동하는 어리석음에는 어떤 한계도 존재하지 않을 것이다. 그는 자신만의 생각에 빠져 자신의 가치를 특별하게 생각한다. 그에게는 그 어떤 좋은 것도 충분하지 못하다. 그는 그곳에서 가장 높은 강대상도 자신에게 어울리지 않는다고 생각한다. 그는 항상 자기를 뛰어넘는 교회들을 열망한다. 그는 자신이 한 번도 생각해본 적이 없는 청빙 위원회로부터 청빙을 받게 될 것이라고 생각하지만, 그런 연락은 한 번도 받지 못할 것이다. 그의 꿈은 민망스러우며 또한 역겹다. 그것은 예수님의 발자국을 따르겠다고 선언해놓고서는 실제로는 오로지 자신만을 위해 살아가고 있는 이들에게 하나님이 내리신 끔찍한 보응 가운데 하나다.

이 나라 전역에는 심술궂고 불만을 품은 사역자들이 곳곳에 존재하며, 그들의 마음은 항상 부글부글 끓어오르는데, 그것은 그들 생각에 자신들의 빛나는 업적이 마땅히 누려야 하는 공로가 외면되었기 때문이다. 그들은 자기보다 지적 수준이 절반밖에 되지 않으며, 자신의 업적 가운데 겨우 일부만을 갖고 있으면서도 영향력 있는 친구나 기회, 혹은 만에 하나 악마의 힘을 통하여 자신들을 뛰어넘는 데 성공한 '사랑하는 형제'들을 경멸한다. 이 얼마나 괘씸한 일인가! "그러므로 땅에 있는 지체를 죽이라 곧 음란과 부정과 사욕과 악한 정욕과 탐심이니 탐심은 우상숭배니라"(골 3:5)고 사도 바울은 말한다. 자기 숭배는 언제나 영적 파멸로 이어지며, 그 죄인이 사역자일 때 그 속도가 가장 빠르다.

탐욕은 기만으로 이어지며 따라서 허영심을 낳는다. 모든 사람은 마음 가운데 교만 덩어리를 갖고 있으며, 그 교만은 항상 먹을 것을 찾아 굶주려 있다. 탐욕에 물든 사람은 자기 안에 있는 교만에 항상 먹을 것을 제공한다. 사람들은 그의 설교를 칭찬하고, 이 칭찬은 그로 하여금 더 많은 칭찬에 목말라하게 만든다. 사람들은 그의 음성, 혹은 그의 기억력, 아니면 그의 아름다운 발음을 칭찬하며, 한번 칭찬에 맛을 들이면 그 욕구가 점점 자라나 어떤 칭찬으로도 그 빈자리를 채울 수 없게 된다. 칭찬에 대한 이런 특별한 애정은 사실상 일종의 탐욕이다. 그것은 돈에 대한 욕심과 마찬가지로 치명적인 탐욕이다. 칭찬의 말은 동전과 같아서, 어떤 이들이 은이나 금에 대해 느끼는 것처럼 그것을 얻기 위해 좀이 쑤시고 안달이 난다. 때때로 이런 질병이 계속 진행되어 가난한 사람이 교회 안에서 조롱의 대상이 되기도 한다. 그는 습관적으로 칭찬을 추구하며, 건전한 마음을 가진 모든 사람은 그를 은밀히 경멸한다. 이 땅 모든 사람 가운데 대중의 칭찬이라는 설탕에 굶주려 있는 마지막 사람이 있다면 그는 바로 나사렛 예수의 사역자다. 만일 박수를 좇는 형제가 영적으로 잠들어 있지 않다면, 그는 이렇게 말하는 소리를 들을 것이다. "사람들에게 존경을 받는 것으로 만족을 누리고, 오직 하나님께로부터 오는

> "그러므로 땅에 있는 지체를 죽이라 곧 음란과 부정과 사욕과 악한 정욕과 탐심이니 탐심은 우상숭배니라"(골 3:5)고 사도 바울은 말한다. 자기 숭배는 언제나 영적 파멸로 이어지며, 그 죄인이 사역자일 때 그 속도가 가장 빠르다.

명예는 구하지 않는 사람을 어떻게 믿을 수 있는가?"

탐욕에는 또 다른 싹이 돋아나는데, 그것은 무관심이다. 자신에 관해 지나치게 많이 생각하는 사람은 다른 사람을 생각할 시간이 충분치 못한 법이다. 자아는 중요한 주제이며, 사람이 그 주제에 빠지게 되면 그것을 벗어날 수 없다. 탐욕스러운 사람은 분명 목자 고유의 일들을 등한히 여기게 된다. 병들고 가난한 사람의 집에서 사역하는 것, 다시 말해 오직 하나님만이 보시는 조용하고 눈에 띄지 않는 노동이 포함된 일이야말로 탐욕스러운 사역자가 자신이 어떤 부류의 사람인지 정체를 드러내는 곳이다. 물론, 사역자가 회피할 수 없는 많은 임무들이 있다. 아무리 탐욕스러운 사람이라도 그런 자리에는 참석할 것이다. 왜냐하면 그런 자리가 자신의 이익에 부합하기 때문이다. 그는 결혼식에 빠지거나 장례식에 참석하지 않을 수 없으며, 기도 모임에 나가지 않고 집에 머물 수도 없으며, 주일에 외출을 할 수도 없다. 공적인 임무들은 그를 단단히 붙들어 매고 있다. 가장 못된 사람이라도 자기에게 유익이 되는 일은 할 것이다.

따라서 한 사역자의 진정한 자아가 드러나는 곳은 개인적인 임무들을 하거나, 또는 하지 않는 자리다. 만일 그가 이기적이라면 아픈 여성도의 집은 내일 방문하면 되지 구태여 오늘 방문할 필요는 없을 것이다. 그래도 세상은 알지 못할 것이다. 만일 그 여성도가 오늘 밤 숨을 거둔다면, 그녀는 그 사역자가 오지 않았다고 결코 말하지 못할 것이다. 사역자는 지난달 외아들을 잃은 사람을 위로하기 위해 집을 나설 필요가 없다. 그런 일을 빼먹는다고 해서 신문에 나지 않는다. 아무 소망도 없고 하나님도 없이 살아가는 외부 사람은 그에게 아무것도 공개적으로 요구하지 않지만, 지난 호 잡지에 실린 기사는 그에게 매우 중요하다. 그래서 그는 경계 밖의 사람들은 등한히 여기면서도 잡지를 보는 데는 시간을 낼 수 있다. 마찬가지로 교회 안에서 태만해진 사람들을 찾아보는 일도 다른 많은 일들처럼 마음에 드는 것은 아니다. 길을 잃고 헤매는 양들은 보살핌받기를 원하지 않는다. 왜 그를 목자의 보살핌으로 귀찮게 하는가? 우리에 양 한 마리가 부족하다고 해도 마을은 이전과 똑같이 돌아갈 것이다. 이와 비슷하게 어머니의 마음을 상하게 한 불량 청소년에게는 훈계가 필요하지만, 만일 그가 그 훈계를 받아들이지 않는다면 목회자의 태만을 적발하지 못할 것이다. 관심을 기울여야 하는 수백 가지의 작은 일들이 있지만 그 모든 작은 일들은 시간과 에너지를 잡아먹으며, 비록 그 작은 일들이 인간의 삶 가운데 진정으로 중요한 것이라 하더라도 사역자로서는 자신이 꼭 맡아야 할 의무가 없는, 생략할 수 있는 일로 여길 것이다. 사역자가 작은 일에도 성실한가, 아니면 크고 잘 보이는 일에만 열심을 내는가 하는 것은 교회의 분위기와 흐름을 전혀 상반되게 만든다.

그렇다. 목자의 일 가운데 상당 부분은 소홀히 여긴다고 해서 번개를 맞는 것이 아니다. 가장 훌륭하고 가장 중요한 많은 일들이 무시되고도 그 때문에 사역자가 공개적인 수치를 당하지 않을 것이다. 그러나 목회자가 교회 안에서 어떤 일들에 대해 아무 결정도 하지 않고 마냥 지체되게 만들고, 눈에 띄지는 않지만 꼭 필요한 일들에 대해 무관심으로 응대한다면, 비록 많은 사람들로부터 커다란 칭찬을 받게 되더라도 선한 목자이신 주님의 비난을 면치 못할 것이다.

탐욕은 또한 종종 자신의 비겁함을 드러낸다. 일반적으로, 탐욕스러운 사람은 늑대를 보면 달아난다. 자신을 소중히 여기는 사람은 위험한 일을 좋아하지 않는 법이다. 그는 다른 사람은 목숨을 잃더라도 자기 자신의 목숨은 구할 것이다. 교회 안에 위기가 닥치면 그는 사표를 제출한다. 양 떼의 대적이 나타나면, 그래서 사람들에게 인도자가 가장 절실할 때가 되면 그 지도자는 자신의 자리를 포기한다. 중대한 도덕적 문제가 사람들 입에 오르내리는데도 그는 진리와 정의를 위해 담대히 나서기를 두려워한다. 그는 하늘이 맑을 때는 얼마든지 용감해 보이다가도 폭풍이 몰아쳐오면 가장 먼저 숨을 곳을 찾는다. 그는 평온할 때는 동료들에게 큰 소리로 싸움을 독려하지만, 막상 적이 나타나면 부끄럽게 싸움터에서 숨어버린다. 이것은 그가 탐욕스러운 사람이기 때문이다. 그는 자기 목숨을 특별하게 챙긴다. 탐욕은 모든 죄 가운데서 가장 교활하고 기만스러운 것이다.

하나님의 아들이 보낸 전령이 갖고 있는 탐욕이라는 죄가 얼마나 극악한지에 대해서는 아무리 강조해도 부족함이 없다. 이기적인 사역자보다 그리스도인의 신앙에 파괴적인 것은 존재하지 않는다. 세상에는 자격 없는 목회자로 인해 영원히 그 신앙이 무너져내린 평신도들이 많이 있다. 그들도 한때는 사역자들을 깊이 신뢰했고 교회 안에서 가장 앞장서는 일꾼이었지만, 아쉽게도 어느 날 자기 입으로는 이타적인 복음을 선포하면서 그 설교 뒤에는 썩어져 냄새나는 탐욕스러운 정신을 가진 사역자가 모습을 드러낸다. 그리고 그 사역자가 자신만을 위해 일하며 교회의 안녕은 그의 생각 가운데 추호도 없다는 사실이 조금씩 조금씩 밝혀진다. 그러다 위기가 닥치면 그는 자신의 앞날을 보호하기 위해 교회를 희생시킨다.

평신도가 탐욕스러운 지도자를 자신의 수장으로 삼게 되면, 그들은 종종 말을 잃게 되고 영적으로 아프다가 사망하게 된다. 그들은 자기 사역자에 대한 믿음을 잃고, 이어서 모든 사역자들에 대한 믿음을 잃는다. 그리고 자기 교회에 대한 관심을 잃고, 마침내 모든 교회에 대한 관심을 잃는다. 이기적인 마음으로 인해 그 자신이 천국을 잃어버릴 뿐 아니라, 그 문을 닫아 다른 사람들도 들어가지 못하게 하는 사역자에게 화 있을진저! 그는 교회 안에서 가장 나쁜 사람이다. 그는 강도보다 더 나쁜 사람이다. 강도는 희생자에게 해를 끼치지만 그래도 어느 정도 자신의 체면은 유지한다. 강도짓은 그의 사업일 수 있고, 솔직한 얼굴로 자신이 정직하지 못한 사람이라는 사실을 인정할 수도 있다. 그러나 자기를 위해 사는 사역자는 강도일 뿐 아니라 좀도둑이기도 하다. 그는 다른 사람을 위해 사는 체하지만, 그런 겉치레 뒤에서 오로지 자신만을 위해 살기 때문에 그는 모든 악당들 가운데 가장 비열한 사람이다. 그는 하늘의 보물을 맡은 청지기인데, 만일 그가 주로 자기만을 위해 깨어 있다면 그는 하나님이 사람에게 맡기신 최고의 신뢰를 배반하는 것이 된다. 그는 하늘에 있는 예루살렘의 솔선수범하는 시민인데, 만일 다른 사람들을 희생하여 자신의 개인적인 입지를 공고히 하다면 그는 하나님 나라의 반역자가 된다.

예수님은 탐욕스러운 설교자에게 이름을 붙여주셨다. 그분은 그들을 삯꾼이라고 부르셨다. 예수님은 "삯꾼은 목자가 아니요"(요 10:12)라고 말씀하신다. 그에게는 목자로서의 마음이 결여되어 있고, 목자의 일을 할 수도 없다. 삯꾼은 오직 돈을 벌기 위해서 일하는 사람으로, 그의 관심은 온통 자기가 받을 임금에만 있고, 그의 가장 큰 동기는 자기가 얻을 이익이다. 그는 언제나 자기 이익만 계산한다. 그의 신은 자기 자신이다. 예수님이 하신 한 마디 말씀으로 인해 어떤 특정한 낱말들이 영원토록 영광을 받는다는 사실은 놀라운 일이 아닐 수 없다. 예를 들어 "종"이라는 말이나 "사랑"이라는 말은 예수님이 그 말씀을 하신 이후로 의미가 전혀 달라진 말이다. 예수님은 몇 가지 말에 하늘의 별도 무색하게 만들 만한 광채를 선사하셨다. 그러나 그분은 또한 어떤 다른 말들은 그 의미를 퇴색시키시고 수세기 동안 낙인과 오명을 갖도록 내버려두셨다. 그런 말 가운데 하나가 "외식하다"는 말이며, 또 다른 하나는 "삯꾼"이다. 이제 "삯꾼"이라는 말을 하는 사람은 예수님이 그 말에 부여하신 특별한 의미를 피할 수 없게 되었다. 우리는 그 말을 달콤하고 광채 나는 말로 바꿀 수 없다. 우리는 그 말을 존경스러운 자리에 둘 수 없다. 그 말은 등급이 낮아진 말이며, 우리는 어떤 사람을 비난할 때 그를 삯꾼이라고 부른다. 그는 자기 일에 마음을 두지 않는 사람이다. 그는 오직 그 일을 통해 얻을 것이라 기대되는 것을 위해서만 그 일을 한다. 예수님은 목자 비유에서 강도와 삯꾼을 나란히 묘사하고 계신다. 그러나 그분이 두 사람 모두에게 강한 혐오감을 갖고 계신 것은 분명한 사실이다. 우리는 이 문장에서 도덕적인 증오가 뜨겁게 분출되는 소리를 들을 수 있다. "달아나는 것은 그가 삯꾼인 까닭에 양을 돌보지 아니함이나"(요 10:13).

> 예수님은 탐욕스러운 설교자에게 이름을 붙여주셨다. 그분은 그들을 삯꾼이라고 부르셨다. 예수님은 "삯꾼은 목자가 아니요"(요 10:12)라고 말씀하신다. 그에게는 목자로서의 마음이 결여되어 있고, 목자의 일을 할 수도 없다.

베드로가 목자들에게 준 가르침에서 특히 탐욕이라는 죄에 대해 경고하고 있다는 것은 주목할 만하다. "너희 중에 있는 하나님의 양 무리를 치되 억지로 하지 말고 오직 하나님의 뜻을 따라 자원함으로 하며 더러운 이득을 위하여 하지 말고 기꺼이 하며"(벧전 5:2). 이 권면은 사도 베드로가 교회 일꾼들의 삶에서 목격한 것임이 분명하다. 오래전 그 교활한 뱀, 곧 탐욕은 여호와의 동산에 기어들어갔고, 또한 여호와의 기름부음 받은 이의 마음을 혼란케 했다. 또한 바울이 에베소 교회의 장로들에게 보내는 목회자로서의 서신 가운데 이렇게 말한 것도 주목할 만한 일이다. "내가 아무의 은이나 금이나 의복을 탐하지 아니하였고 여러분이 아는 바와 같이 이 손으로 나와 내 동행들이 쓰는 것을 충당하여 범사에 여러분에게 모본을 보여준 바와 같이 수고하여 약한 사람들을 돕고 또 주 예수께서 친히 말씀하신 바 주는 것이 받는 것보다 복이 있다 하심을 기억하여야 할지니라"(행 20:33-35).

바울은 디모데전서에서 돈을 사랑하지 않는 것이 감독, 혹은 목자가 갖추어야 할 가장 중요한 자격 가운데 하나라고 기록하고 있다. 여기서 돈은 사람들이 귀하게 여기는 이 땅의 모든 것을 가리키는 것으로 이해해야 마땅하다. 사도 시대에는 편리한 사택도, 기쁨이 되는 연구도, 책이 가득 채워진 서가도, 사역자로서 받는 특권도, 유명한 강대상도, 칭찬을 늘어놓는 조직도, 아첨하는 모임도, 박수를 보내는 세상도 존재하지 않았다. 사역자들은 욕 먹고, 박해받고, 모욕을 당하고, 세상의 낙오자이자 만물의 쓰레기였다. 그들이 탐을 낼 수 있는 세속적인 축복은 오직 한 가지뿐이었는데, 그것은 돈이었다. "그것을 마음에 두지 말라." 베드로와 바울은 간곡히 권면했다. 그리고 만일 그들이 오늘날의 사역자들에게 말을 전한다면 이렇게 말할 것이다. "사역자로서 맡은 직무 때문에 제공되는 세속적인 유익을 마음에 두지 말라. 곧 연구할 시간, 묵상할 수 있는 정숙함, 자기 수양의 기회, 여성들의 칭찬, 남성들의 감사, 세상의 박수 같은 것들이다. 그런 것들이 마음의 원하는 것이 되게 하지 말라." 그리고 주님은 이런 말을 덧붙이신다. "삼가 모든 탐심을 물리치라 사람의 생명이 그 소유의 넉넉한 데 있지 아니하니라"(눅 12:15).

그러나 물질에 대한 사랑은 더 이상 힘에 대한 사랑, 곧 야망보다 더 깊이 뿌리내리거나 파괴적인 것이 되지 못한다. 권력에 대한 사랑은 사람의 영혼 가운데 타고난 것이다. 그것이 없는 사람은 불구와 마찬가지다. 남자답고 박력 있는 모든 남자는 야망을 갖고 있다. 만일 복음 사역자들이 전혀 야망을 품고 있지 않다면 그것도 낯선 일일 것이다. 탁월함에 대한 동경, 두드러지고자 하는 욕심, 남보다 높아지고자 하는 바람은 우리 모두의 본성 깊숙한 곳에 자리하고 있는 본능이며, 신학을 공부했다고 해서 그것이 제거되는 것은 아니다. 그런 본능은, 영혼이 갖고 있는 타고난 모든 성향과 마찬가지로 제자리를 잃고 우리에게 고통과 죽음을 가져다줄 수 있다. 지위와 힘에 대한 지나친 사랑만큼 사역자들에게 커다란 폐해를 입힌 죄는 없다.

천 년이 넘는 기독교 교회의 역사는 그리스도의 사역자들이 조금씩 조금씩 변질되어 결국에는 세상이 경험한 가장 파괴적이고 참을 수 없는 독재가 된 위계질서 안으로 자신을 가둔 슬픈 이야기가 아니고 무엇이겠는가? 중세 교회의 폭정은 성직자의 횡포였다. 평신도들은 교회를 세우신 이가 지명하신 자리에서 밀려나게 되었다. 단순히 구경꾼의 자리로 격하된 그들은 교회 행정 안에서 아무런 목소리를 내지 못했고, 모든 권력은 성직자들의 손에 쥐어졌다. 그들은 한 단계 한 단계 올라가면서 로마 황제 카이사르가 갖고 있던 최고의 권력을 뛰어넘는 권세를 가졌다고 주장하는 한 사람의 최고 수장에게서 정점에 달한 축소된 조직을 형성했다. 그의 대리인들은 온 세상에 파송을 받아 사람의 양심 위에 군림하면서 인간이 세운 모든 왕국을 장악했다. 중세 교회에 존재했던 이들 성직자들의 권력에 대한 갈망은 그리스도가 원래 갖고 계셨던 명분에 손상을 입혀, 새로운 천 년이 지나도 결코 회복하지 못하게 만든 사실이야말로 기독교 역사상 최고의 비극이 아닐 수 없다.

온 세상은 중세의 성직자들이 한 일들로 인해 오늘도 고통을 받고 있다. 그리스도의 대의명분은 로마 교회의 야심찬 지도자들의 거만하고 독단적인 정책의 결과로 사람들의 마음에 심겨진 적대감으로 인해 어느 곳에서나 방해를 받고 있다. 그 폭정의 이야기는 모든 인류가 소유한 공동의 재산이다. 예수님의 이름이 선포되는 모든 곳에서 예수님의 대적들은 그분이 임명하신 사역자들의 야망과 잔인함과 독재의 기록을 펼쳐 보임으로써 많은 이들의 마음을 닫아놓는다.

사역을 준비하는 모든 젊은이들은 자기 앞에 펼쳐진 교회의 역사를 하늘로부터 직접 내려온 경고처럼 마음에 새겨야 한다. 지나간 세대의 그 성직자들은 우리와 똑같은 열정을 갖고 있던 사람들이다. 그들도 처음부터 하나님의 교회를 무너뜨리고 손상시키려 했던 것은 아니었다. 그들은 양심 없는 그리스도의 대적들이 아니었다. 그들은 그럴 듯해 보이는 자신의 정책들을 법제화할 충분한 근거들을 갖고 있었으며, 자신의 모든 행동을 정당화할 구체적인 논리들을 제시할 수 있었다. 그들은 전적으로 타락되고 버림받은 이들이 아니다. 그들의 마음에는 많은 고귀한 열망들이 있었으며, 그 시대에 필요한 많은 고귀한 일들을 행했다. 그러나 아쉽게도, 천사들을 타락시킨 야망이 점차 성직자의 마음을 어둡게 했고, 세상을 거의 망쳐버린 과정들을 향하여 그 마음을 **빼앗기고** 말았다.

우리는 개신교도이며 로마 가톨릭의 압제로부터 떨어져나왔다.

우리는 기쁨을 누리는 가운데 우리 자신을 그리스도 안에서 자유로운 사람이라 부른다. 우리는 성도의 제사장직과 주님의 제자들이 한형제임을 믿는다. 우리는 교회가 위계질서화되는 것이 얼마나 위험한 일인지를 잘 알고 있다. 우리는 성직자의 권력이 커지는 것을 경계한다. 우리는 그리스도의 사역자가 행여 잘못된 사제 제도와 관련된 이론에 사로잡힌다면 인류가 직면해야 할 가장 위험한 대적이 될 수 있음을 잘 알고 있다. 그리고 그런 식으로 역사적 사실과 교훈에 눈을 뜨게 되면 정작 우리 마음 가운데 활동하고 있는 악한 세력들은 보이지 않게 된다. 자기주장, 주인인 체하기, 독재적 기질 등은 교회 안의 어느 한 분야에만 국한되지 않는다. 개신교는 로마 가톨릭의 전제주의와 방식으로부터 완전히 놓임을 받지 못했다. 구시대의 바이러스가 아직도 인간의 혈관 가운데 흐르고 있으며, "그런즉 선 줄로 생각하는 자는 넘어질까 조심하라"(고전 10:12)는 옛 가르침은 오늘도, 아니 언제나 시의적절하다. 우리는 중세 시대의 주교처럼 화려하고 위세당당한 방식으로 독재를 휘두를 수는 없지만, 개신교 사역자로서 수석 추기경처럼 거만해지거나, 독재를 행한 교황처럼 전제적이 되는 것은 얼마든지 가능하다. 만일 개신교 세계를 이곳저곳 둘러본 사람이 있다면, 그러면서 성직자들의 범죄를 조심스럽게 살펴보았다면 그가 기록한 허물의 목록에 다음과 같은 것들이 포함되는 것을 보았을 것이다. 독재

> 우리는 중세 시대의 주교처럼 화려하고 위세당당한 방식으로 독재를 휘두를 수는 없지만, 개신교 사역자로서 수석 추기경처럼 거만해지거나, 독재를 행한 교황처럼 전제적이 되는 것은 얼마든지 가능하다.

적인 방식, 거만한 태도, 거드름 피우는 분위기, 전횡적인 명령, 자기주장, 튀고 싶은 욕망, 더 높은 지위를 바라는 마음, 무례에 가까운 거만함, 세련되었지만 세속적인 고상함. 모든 사람들은 자기 안에 로마 가톨릭이 세우고 세상을 노예로 만든 요소들을 갖고 있다.

사역자의 마음 안에서 얼마나 많은 것들이 서로 결탁하여 그로 하여금 거만하고 도도한 생각을 갖게 만들었는지 언급하는 것은 충분히 의미 있는 일이다. 그와 하나님의 아들이신 그리스도와의 관계, 자신은 왕중왕이신 분의 전권대사라는 의식은 그에게 어떤 고귀한 느낌을 제공해주는데, 그 느낌은 잘못된 행위로 변질되기 쉽다. 그가 하나님의 신탁을 받았다는, 그리고 거룩한 것들 안에서 사역하도록 명령을 받았다는 사실은 그를 세속적인 직업에 종사하고 있는 사람들과 분리시킨다. 그리고 거기서 벗어나지 못하게 되면, "나는 당신보다 거룩하다"는 느낌에 사로잡히게 되는 것이다.

때때로 사람들은 목자 비유가 성직자의 특권이라는 과장된 개념에 어느 정도 책임이 있을지 궁금해한다. 비유는, 다른 모든 선한 것들처럼 언제나 위험한 것이다. 비유는 지나치게 앞서 나갈 수 있다. 목자 개념은, 바르게 활용된다면 매우 많은 것을 가르쳐주지만, 만일 남용된다면 잘못되고 위험할 수 있다. 그래서 평신도들은 약하고 어리석은 피조물인 반면, 성직자는 초자연적인 능력을 하사받아 하늘로부터 특별하고 놀라운 은총을 누리는 뛰어난 존재라는 생각을 은연중에 심어줄 수 있다. 그러나 예수님은 단 한 번도 '양'이란 말을 무시하거나 얕잡아보는 의미로 사용하지 않으셨다. 그분이 어린아이들을 '어린 양(lamb)'이라 부르신 것은 '어린 양'이 어린아이들을 가리키는 애칭이기 때문이다. 그분이 어른들을 '양(sheep)'이라 부르신 것은 그 말이 히브리 사람들의 귀에 친근하게 들리며, 예수님의 동포들이 수세기 동안 이렇게 노래해왔기 때문이다. "우리는 그의 것이니 그의 백성이요 그의 기르시는 양이로다"(시 100:3). 문자적으로 말하자면, 사람은 결코 양이 아니다. 일반 사람들이라고 해서 목자들이 속한 창조 질서보다 낮은 창조 질서에 속해 있는 것이 아니다. 목회자와 일반 사람들의 삶은 동일한 수준 위에 놓여 있다. 사역자와 그가 인도하는 양 떼 사이에 아무런 간격도 존재하지 않는다. 목회자와 평신도들은 같은 가정에 속한 한식구다. 그들은 동일한 본성과 동일한 특권을 함께 소유하고 있다. 그들 모두 은혜의 보좌 앞에 자유롭게 나아가며, 하나님의 아들을 통하여 동일하게 구속을 받았고, 똑같이 영생을 상속받았다. 그러나 목회자들이 목자 비유를 사용하여 평신도들을 발판으로 삼아 자신들의 지위를 높이고, 선한 목자가 명백히 배척하신 거짓 주장을 내세울 가능성은 얼마든지 있다.

이제껏 목자 비유가 어떤 영향을 끼쳐왔든, 설교자들의 사역은 본질상 자신의 우월성을 키워나가고 절대적인 지배욕을 공고히 하는 경향이 있는 것은 부인할 수 없는 사실이다. 목회자가 자기 시간을 사용하는 데 얼마나 커다란 자유를 누리는가! 은퇴한 백만장자 외에 목회자처럼 자신에게 주어진 시간들을 마음대로 사용할 수 있는 사람은 없다. 그는 월요일 아침에 책을 읽을 수도, 글을 쓸 수도, 혹은 산책을 할 수도 있으며, 아니면 자기 마음 가는 대로 그 세 가지를 다 할 수도 있다. 화요일 아침이면 편지를 쓰거나, 장서 목록을 작성하거나, 아니면 새로 나온 몇 권의 책을 부러운 마음으로 읽거나, 친구들을 만나거나 무엇이든 자신이 선택한 대로 한다. 그가 나가고 들어가는 일은 대부분 그의 재량에 달려 있다. 그는 자신에게 주어진 시간에 대하여 별 제한을 받지 않는 독재를 행사한다. 그런 자유는 위험한 것이다. 그런 자유는 자신에게 주어진 자유를 망쳐버린다.

그가 자신의 설교에 대해 갖는 지배력은 한층 더 놀라운 것이다. 그는 본문이 말해야 하는 것, 주제, 예화, 논증, 결론에 대해 얼마든지 자유롭게 말할 수 있으며, 누구도 그것을 방해하지 못한다. 그는 자신이 좋아하는 스타일은 무엇이든 채택할 수 있다. 그는 자신이 선택한 어떠한 사상 노선이든 마음대로 따를 수 있다. 상인은 고객이 원하는 것은 무엇이든 제공해주어야 한다. 호텔 종업원은 손님이 요구하는 것을 모두 제공해주어야 한다. 그러나 설교자는 자신이 생각하기에 청중들이 원해야 하고 또한 소유해야 하는 것이라고 여겨지는 것들을, 실제로 그들이 필요로 하고 원하는 것이 무엇이든 상관하지 않고, 마음대로 제공할 수 있다. 그는 매주 주일에 한 시간이나 그보다 조금 더 긴 시간 동안, 다른 모든 이들은 침묵을 지키는 가운데 자기 혼자 말한다. 다른 사람들은 그 어떤 소음과 방해와 반대 의견도 낼 수 없도록 철저히 배제된 상황은 특정한 사람들의 마음에 "나는 예언자이며, 내가 입을 열어 말할 때는 개 한 마리도 짖어서는 안 된다"고 말하는 어떤 사람의 생각을 심어준다.

　사역자는 사람들의 삶 가운데 항상 전면에 부각된다. 사역자는 그를 바라보는 모든 사람들로부터 주목을 받는다. 어디든 그가 앉는 자리는 그곳의 상석이다. 그에게도 비난하는 사람과 헐뜯는 사람이 있지만, 그런 것들이 사람들과의 만남에서는 드러나지 않는다. 특히 작은 마을에서 사람들과 살아가다보면 다른 사람들은 받지 못하는 특별한 대접이 사역자들에게 베풀어진다. 이렇게 사역자 앞에 향을 피우는 행동은 많은 경우에 그의 어깨를 으쓱이게 만들고, 그가 마땅히 생각해야 할 그 이상으로 자신을 높이 평가하게 만드는 경향이 있다. 마을에 경사가 있는가? 사역자는 반드시 그 자리에 참석해야 한다. 공식적인 의전 행사에 적당한 연설이 있어야 하는가? 그 연설은 사역자가 해야 한다. 여기 적지 않은 사역자들을 가장 잘 설명한 말이 있다. "(그들은) 잔치의 윗자리와 회당의 높은 자리와 시장에서 문안 받는 것과 사람에게 랍비라 칭함을 받는 것을 좋아하느니라"(마 23:6-8). 그들이 이런 일을 좋아하는 것은 그들도 사람이며, 그런 것들에 익숙해 있고, 그런 대접을 받을 권리가 있다고 생각하기 때문이다. 계속되는 존경과 순종은 특정한 지위에 있는 사람에게 거만하고 잘못된 습성을 초래하는 경향이 있다.

그러나 사역자의 마음을 몰락시키기 위해 작동되는 모든 세력들 가운데 가장 강력한 힘은 그가 교회의 정책을 계획하고 구체화할 때 발휘하는 자유다. 일반적으로 평신도들은 너무 바빠서 교회 일에 지속적인 관심을 기울일 수가 없다. 그 결과 대부분의 교회에서 거의 모든 일이 목회자의 손안에서 굴러가게 된다. 로마 가톨릭에서 교회 정부가 꽃을 피운 것도 바로 이런 식이었다. 초기 기독교 평신도들은 수세기 동안 대부분 무지하고 무능력하고 무관심했으며, 그래서 교회를 형성하고 꾸려나가는 일은 필연적으로 성직자들의 손아귀 안에서 이루어졌다. 오늘날의 평신도들은 무지하거나 무능력하지 않지만, 그들은 대부분 무관심한데 그것은 그들이 너무 바쁘기 때문이다. 그들은 교회 일에 신경을 쓸 만한 시간이 없다. 그로 인해 교회 행정은 대부분 목회자의 손에 남겨지게 되었다. 그것은 그를 위해서도 그리고 교회를 위해서도 잘못된 일이다. 그런 일은 사역자로 하여금 자신 안에 독재자로서의 성향을 세워 나가고, 자기 마음 안에 전제적인 권력을 제공하기 쉽게 만든다.

이런 교만한 기질이 어떤 모습으로 나타났는지 눈여겨보라. 그것은 때로 설교의 형태로 나타난다. 그리고 그 모습에는 친구로서의 모습은 부족하고 지나치게 위압적인 면만이 존재한다. 그들에게는 마치 자신이 모든 것을 알고 있다는 듯한 모습만 나타나고, 예수님이 좋아하셨던 겸손은 부

> 사상을 소개하기 위해 큰 망치가 반드시 필요한 것은 아니다. 시인 존 키츠(John Keats)는 이렇게 말한 적이 있다. "시는 반드시 위대해져야 하지만, 주제넘게 나서서는 안 된다."

족하다. 진리에 도달하기 위해서는 억지로 몰아갈 필요가 없다. 사상을 소개하기 위해 큰 망치가 반드시 필요한 것은 아니다. 시인 존 키츠(John Keats)는 이렇게 말한 적이 있다. "시는 반드시 위대해져야 하지만, 주제넘게 나서서는 안 된다." 설교 역시 마찬가지다. 설교는 위대해야 하지만, 그것을 강요해서는 안 된다. 만일 사람들이 "정말 위대한 설교였어"라고 말하면서도 교회를 떠나간다면, 그것은 이상적인 설교에 미치지 못한다. 데모스테네스의 연설을 들은 사람들은 "정말 위대한 웅변이었어"라고 말하고 그 자리를 떠나지 않았다. 그들은 이렇게 말했다, 아니 외쳤다. "필리포스 2

세(Philippos Ⅱ)*와 맞서 싸우자!"

더욱이 얼굴 표정, 몸의 균형, 몸짓에 나타나는 특징을 통하여 이렇게 분명히 말하는 사람들도 있다. "이것은 하나님의 진리다! 감히 이것을 부정하지 말라! 이것을 받아들여라! 이것을 모두 받아들여라! 즉시 받아들여라! 언젠가는 당신도 이것을 받아들이게 만들 것이다!" 그렇지만 양의 입에 풀을 갖다 대줄 필요는 없다. 풀을 양의 목구멍 안에 집어넣으면 양은 당황해서 아무것도 먹지 않을 것이다. 그저 양이 닿을 수 있는 곳에 풀을 놓아두면 그가 스스로 먹을 것이다. 진리도 마찬가지다. 진리를 그 앞에 보여주라. 그러면 사람들이 분명히 볼 것이다. 진리를 사람들이 손쉽게 닿을 수 있는 곳에 두라. 사람들이 스스로 그것을 취할 수 있는 시간을 주라. 그러면 그들 스스로 먹을 것이다. 수필가 찰스 램(Charles Lamb)은 이렇게 말했다. "시에 담긴 진리는 독자가 전혀 생각하지 않는 사이에 독자들의 마음속으로 스며들어야 한다." 설교 안에 담긴 진리도 듣는 사람들이 미처 알아채지 못하는 사이에 듣는 이들의 마음 가운데 슬그머니 자리잡아야 한다.

사람들이 "정말 대단한 사람이야! 너무나 훌륭한 설교였어!"라고 말하는 것은 아무런 격려가 되지 못한다. 오히려 그들이 설교자에

---

*마케도니아의 왕으로 알렉산더 대왕의 아버지

대해서는 아무것도 생각하지 않은 채, 자신이 잘못했던 일이 기억나 불안해지고, 분명하게 드러난 올바른 모습으로 인해 찔리는 마음을 가지고 교회를 나서는 것이 더 좋다. 마리아가 주님의 머리에 부은 향유가 방 안을 가득 채운 것처럼 그들의 영혼에는 천국의 향기가 가득 풍겨나야 한다. 독재자는 강대상에 서는 것이 어울리지 않는다. 독재는 힘을 좇는 육적인 욕망의 한 형태다.

이렇게 사역자들이 거만을 떠는 것는 때때로 대적을 상대할 때 보이는 거드름 피우는 모습과 의심하는 사람들을 무시할 때 보이는 거만한 모습으로 나타나기도 한다. 예수님을 믿지 않는 철학자들과 물질주의를 숭배하는 과학자들이 강대상의 젊은 사역자들로부터 그리고 나이 든 사역자들로부터도, 오만하고 냉소적인 비웃음과 함께 공격당하고 매몰당하는 일은 기독교적이지 못한 모습을 보여주는 아쉬운 장면이 아닐 수 없다. 이들 기독교 신앙의 대적자들이 그에 대해 반론을 제기할 수 없다는 사실은 사역자들이 자신의 모든 인용에 대해 주도면밀하고 공평을 기해야 하며, 자신의 판단을 매우 공정하게 내려야 한다는 특별한 의무를 부과한다. 수천 리 밖에 떨어져 있기 때문에 자신을 해명하거나 변호할 수 없는 저명하고 학식 깊은 사람의 사상에 맹렬한 비난을 퍼붓고, 그들의 사상을 공공연하게 비웃는 것은 신사가 취할 행동이 아니다.

마찬가지로, 정통에 대한 호들갑스러운 방어 가운데서도 비웃음을 살 만한 태도가 그 모습을 드러낸다. 물론 모든 사역자는 자신이 진리라고 여기는 것을 주장하고 변호해야 할 의무가 있지만, 또한 사랑 안에서 진리를 선포할 의무도 있다. 복수심에 사로잡히고 냉랭한 마음을 가진 사람과, 자기와 다른 사람을 잘못 대변함으로써 어떤 확인되지 않은 잘못들을 공격하는 사람은 예수님이 전하신 도를 진흥시키는 데 아무런 공헌을 할 수가 없다. 모든 세대에는 자기들만을 진리의 참된 수호자로 여기는 굳센 투사의 무리가 생겨난다. 이단을 처단할 수 있는 권한을 받은 이 높은 자리를 차지하고 막강한 힘을 가진 이들은 참된 선지자, 곧 하나님의 대변자가 아니다. 그들은 자신을 위해서만 말할 뿐이다. 엘리야는 갈멜산에서 한껏 콧대가 높아져서 이스라엘 안에서 바알에 무릎을 꿇지 않은 사람은 자기뿐이라고 생각했다.

  교회 행정의 영역에서 기고만장해진 목자는 그 동안 유감으로 여겨왔던 징후들을 겉으로 드러내 보인다. 그는 자신의 견해와 다른 모든 의견을 불쾌하게 생각한다. 자신의 생각에 동의하지 않는 사람은 적으로 간주한다. 그래서 그들을 자신이 수호하는 진리의 반역자로 여긴다. 그리고 자신이 원하는 것을 수행하지 않는 모든 이들에게는 짐승의 표를 붙인다. 그는 조금이라도 반대가 있으면 참지 못한다. 그는 단 하나의 계획이라도 실패하면 분히 여긴다. 또한 어떤 독립적인 생각도 자신에 대한 모독이라고 여긴다. 만일 어떤 가정이 자기를 받아들이기를 거부한다면 그는 하늘로부터 불이 내려오기를 구한다. 양심에 아무런 거리낌 없이 자신이 가진 능력을 발휘하여 대적을 강력히 때려 부순다. 그는 능숙한 솜씨로 반대파들을 앞서 나갈 책략을 꾸민다. 그래서 성공을 거두지만, 그 성공은 너무나 많은 희생을 치를 수도 있다. 성공이 목자의 마음 가운데 있는 고귀한 그리스도의 영을 희생시키고 거둔 것이라면 그 대가는 언제나 지나치게 큰 것이다.

많은 사역자들은 교회 안의 모임에서 커다란 승리를 거두지만, 다음 날이면 자신이 지고 말았다는 것을 깨닫는다. 많은 득표를 얻음으로써 그의 계획이 보장되지만, 소외당한 이들의 숫자로 인하여 그것은 아무 소용없는 일이 된다. 사역자는 자신이 선택한 수단을 실천에 옮길 수는 있지만, 그와 동시에 자신의 명분을 잃어버릴 수도 있다. 부드러운 설득으로 확보할 수 없는 것이라면 그것은 포기하는 것이 더 낫다. 남들 위에 군림하려고 애쓰거나 압력을 사용하여 사람들로 하여금 자신의 계획에 찬성하게 만드는 사람은 유치한 골목대장에 불과하며, 그런 일을 시도하는 사역자는 그 마음이 권력에 대한 지나친 사랑에 삼키워진 것이다. 사역자가 이따금씩 패배함으로써 자신이 절대 무적의 사람이 아니며, 세상에는 자기 외에도 많은 사람이 있다는 것을 깨닫는 것은 좋은 일이다. 성공은 종종 십자가를 거쳐야만 이루어진다. 선한 목자는 십자가에 못 박히는 것을 회피해서는 안 된다.

작은 개신교 독재자, 소교구의 교황은 유감스럽게도 예수 그리스도의 사역자를 희화한 말이다. 낮은 목소리로 전반적인 일을 자신이 주관한다고 거만스럽게 말하며, 사람들을 조종하는 자신의 능숙함에 미소를 짓고, 자신이 바로 교회의 우두머리라고 그 몸짓으로 말하는 사역자는 기독교의 진보에 방해가 되는 걸림돌이다. 만일 사역자에게 사람들이 겨우 아무 쓸데도 없고 가끔씩 털이나 깎아주어야 하는 어리석은 양들로만 비쳐진다면, 그 사역자는 거드름을 피우면서 기독교 사역을 부끄럽게 만드는 사람임이 분명하다. 그는 기도 모임을 통해 사람들을 꾸짖고, 주일에 독재자로서 군림하며, 가난한 사람들 사이에서 생색을 내고, 부자들 사이에서는 거드름을 피우며, 지역 내 모든 관리들에게 큰 소리로 명령을 내린다. 그러나 지혜로운 사람들은 그의 우둔함에 얼굴을 붉히고 교회는 지도자를 잃은 것에 슬퍼하는데, 이는 그가 그리스도의 마음을 갖고 있지 못함으로써 자신이 섬긴다고 허세 부리듯이 고백하는 스승을 더 이상 본받지 않기 때문이다.

목회자는 특별한, 그래서 스스로 주인이 되고픈 유혹에 넘어가지 않게 더욱 조심해야 하는 힘을 가진 사람이다. 베드로는 목회자들에게 보낸 편지에서 이렇게 말하고 있다. "너희 중에 있는 하나님의 양 무리를 치되 억지로 하지 말고 하나님의 뜻을 따라 자원함으로 하며 더러운 이득을 위하여 하지 말고 기꺼이 하며"(벧전 5:2). 바꾸어 말하면 이런 것이다. 당신이 가진 힘은 부인할 수 없다. 그 누구도 당신에게서 그것을 빼앗아갈 수 없다. 그것은 하나님이 직접 당신에게 주신 것이다. 그것을 어떻게 사용할지 주의하라. 과시하지 말라. 겉치레로 꾸미지 말라. 거룩한 예복을 입은 독재자가 되지 말라. 주님이 명하신 대로 그 힘을 사용하라.

> 과시하지 말라. 겉치레로 꾸미지 말라. 거룩한 예복을 입은 독재자가 되지 말라. 주님이 명하신 대로 그 힘을 사용하라. 주님이 친히 보여주신 방식을 좇아 다스리라.

주님이 친히 보여주신 방식을 좇아 다스리라. 사람들이 보고서 자신들의 삶을 만들어갈 수 있는 귀감이 되라. 사람들이 우러러볼 수 있는 모범을 보이라. 그리스도의 능력이 역사하고 사람들의 마음이 변화될 수 있는 본보기가 되라. 이것은 열두 사도의 리더였던 베드로가 전하는 명령이며, 그는 그것을 목자장이신 예수님께로부터 받았다.

사도들을 훈련함에 있어서 겸손만큼 자주 칭찬을 받고 요구되는 덕목은 없었다. 열두 사도는 지극히 인간적인 사람들이어서 예수님의 성품과 사상의 영향 아래 있으면서도 그들 가운데 새로운 야망이 꿈틀거렸고, 그들은 장차 임할 나라에서 자신들이 차지하게 될 높은 자리를 꿈꾸기 시작했다. 사람들이 자신의 마음을 자기 부인과 이타심으로 채우면서도, 동시에 남들보다 뛰어나고 힘을 갖게 되기를 꿈꾸는 것이 가능하다는 사실은 죄악의 수수께끼 가운데 하나다. 가이사랴 빌립보에서 예수님께 장차 임할 십자가의 비극에 대한 그분의 말씀을 들은 사람들은 그 즉시 자기들 가운데 누가 가장 높은 자리에 앉게 될 것인가 하는, 전에도 가졌던 흥미진진하면서도 골치 아픈 문제를 놓고 다시 격론을 벌였다. 그들은 다른 사람들보다 더 큰 죄인은 아니었다. 우리는 모두 그들과 똑같은 본성을 가진 사람들이다. 우리 역시 겸손과 자기 부인에 관한 예수님의 말씀에 귀 기울이고 그것을 사람들에게 설교하면서도, 그와 동시에 우리의 마음에 남들 위에 올라서고 군림하고픈 욕망을 키워나갈 수 있다.

복음서 안에는, 특히 사역자들이, 은밀한 방에 들어가 문을 닫고 여러 차례 읽어야 마땅한 특정한 구절들이 있다. 그 가운데 하나가 마태복음 18장인데, 거기에서 예수님은 열두 제자를 부르시고 그들 가운데 한 어린아이를 세우시면서 이렇게 말씀하셨다. "너희가 돌이켜 어린 아이들과 같이 되지 아니하면 결단코 천국에 들어가지 못하리라 그러므로 누구든지 이 어린 아이와 같이 자기를 낮추는 사람이 천국에서 큰 자니라"(마 18:3-4). 때묻지 않은 어린아이의 단순함과 솔직함이야말로 그리스도가 자신의 사역을 행하는 이들에게 기대하고 계신 바로 그것이다.

두 번째 대표적인 구절은 마태복음 23장이다. "너희는 랍비라 칭함을 받지 말라 너희 선생은 하나요 너희는 다 형제니라 땅에 있는 자를 아버지라 하지 말라 너희의 아버지는 한 분이시니 곧 하늘에 계신 이시니라 또한 지도자라 칭함을 받지 말라 너희의 지도자는 한 분이시니 곧 그리스도시니라 너희 중에 큰 자는 너희를 섬기는 자가 되어야 하리라 누구든지 자기를 높이는 자는 낮아지고 누구든지 자기를 낮추는 자는 높아지리라"(마 23:8-12).

직함에는 위험이 도사리고 있다. 로마 교회가 그들의 사제들을 위해 택한 용어는 자신의 잘못을 항구히 하고 자신의 힘을 공고히 하는 것과 많은 연관이 있다. 사역자들이 사람들로부터 "아버지(가톨릭에서 사용하는 '신부'를 가리킴)"로 불리는 것은 옳지 않은 일이다. 그리고 사역자들이 스스로 그렇게 부르는 것도 옳지 않다. 그 말은 실제로 존재하지도 않는 위엄과 특권을 사역자에게 부여하며, 미성숙과 의존성을 사람들에게 부여하는 데 이런 일들은 정상적이거나 건강한 것이 아니다. 사역자들은 "그리스도는 선생이시다"라고 말할 때와 같은 의미에서의 선생이 아니다. 그들은 그리스도가 스승이신 것과 같은 의미에서의 스승이 아니다. 그들은 그분의 대변자들이지만, 그분의 자리를 대신하지도 그리스도의 능력을 소유하지도 않는다. 우리의 선생이자 스승은 오직 한 분 주 예수 그리스도, 하나님의 아들이시다.

목회자들을 위한 세 번째 구절은 요한복음 13장이다. 다락방에서 일어났던 비극은 인류 역사 중 가장 어두운 장면 가운데 하나였다. 인류 역사상 가장 이타적이셨던 분과 수년 동안 가까이서 교제를 나누며 그분의 가르침을 통해 큰 깨달음을 얻고, 그분의 기도의 능력을 통해 깨끗함을 입었던 열두 명은 자기들의 스승이신 그분의 생애 마지막 순간에도 여전히 소인배요 이기적인 모습을 버리지 못한 채, 고별 만찬 자리에서도 식탁에 어떤 순서로 앉느냐를 놓고 아이들처럼 다투고 있었다. 그들의 마음이 그런 문제로 열을 받고 분노로 가득한 순간, 예수님은 대야와 수건을 들고 제자들의 발을 씻기기 시작하셨다. 그 일이 끝난 뒤 예수님은 이렇게 말씀하셨다. "너희가 나를 선생이라 또는 주라 하니 너희 말이 옳도다 내가 그러하다"(요 13:13). 예수님은 다락방에서 나와 겟세마네 동산으로 가셨고, 그곳에서 다시 십자가를 향해 나아가셨다. 왕이 십자가에 달리는 모습을 보며 사람들은 비웃었다. 그들은 이제껏 곤룡포와 면류관을 갖추지 않은 왕은 본 적이 없었다. 그분은 십자가에 못 박히셨으나 전에도 왕이셨고, 지금도 왕이시며, 앞으로도 항상 왕이시다. 그분은 십자가에서 세상을 다스리신다.

그분은 모든 영혼을 품에 안으신다. 그들 가운데 어느 한 영혼에 대해서라도 그분의 소유권이 취소된 적은 한 번도 없다. 그분은 목자이시며, 모든 양은 그분의 것이다. 사역자는 자기 교회, 자기 사람들, 자기 교구에 대해 말하는데, 이것은 그가 자신의 말에 담긴 진정한 의미를 이해할 때에만 합당하다. 교구들은 서로간에 구별된 것처럼 하나의 교구는 한 사람에게 속하고 다른 교구는 다른 사람에게 속하지만, 진정한 의미에서 모든 교구는 다 그리스도께 속한다. 인간 목자들은 계속해서 오고, 또 가는 과정을 되풀이한다. 한 사역자가 어떤 마을에 도착하여 책을 풀고, 자기 사역을 행하고, 그런 다음 조상들과 함께 잠이 든다. "그는 꽃과 같이 자라나서 시들며 그림자 같이 지나가며 머물지 아니하거늘"(욥 14:2). 그러나 예수 그리스도는 어제나 오늘이나 영원토록 동일하시다. 그분은 세상 끝날까지 자기 백성들과 함께 계신다.

예수님이 시몬 베드로에게 교회에 대한 책임을 맡기셨을 때 그분은 조심스럽게 "나의"라는 소유 대명사를 사용하셨다. "내 양을 먹이라! 내 양을 치라! 내 양을 먹이라!" 이것은 신약에서 사역자들을 거드름에서 구원해줄 가장 강력한 문장이다. "요한의 아들 시몬아, 내 양을 먹이라. 그들은 네 것이 아니라, 내 것이다. 그렇지만 나는 네가 잠시 그들을 보살피기 원한다. 내 양을 치라. 그들은 네 것이 아니다. 나는 그들을 네게 넘긴 것이 아니다. 그들은 여전히 내게 속해 있다. 그들은 언제나 내 것으로 남을 것이지만, 나는 네가 잠시 동안 나를 위해 그들을 돌봐주기를 명한다. 내 양을 먹이라. 그들은 네 것이 아니다. 그 가운데 하나라도 내 소유에서 벗어나지 않을 것이지만, 나는 며칠 동안 떠나 있을 것이며 그들을 네게 맡길 것이다. 나를 대신하여 그들을 지키고, 그들을 먹이고, 그들을 인도하고, 그들에게 잘해주어라. 나를 따르라. 나의 선함, 나의 조심스러움, 나의 사려 깊음, 나의 인내, 나의 긍휼, 나의 자발적인 도움, 나의 신속한 치료, 나의 즉각적인 희생을 기억하라. 내가 너에게 그랬던 것처럼 나의 양과 나의 어린양들에게 동일한 목자가 되라. 나를 본받으라!"

5장
목자에게 주어지는 상급

목자, 목사

●어떤 윤리학파에서는 이 주제를 이 책의 목록에 추가하는 것이 지혜로운 일인지 의문을 제기할 것이다. 그들은 이렇게 말한다. "덕은 그 자체가 상급이며, 자기에게 주어진 의무를 다할 때 무엇을 얻게 될지 묻는 것은 오히려 해가 된다. 자신의 노고에 어떤 보상이 주어지는지 생각하지 않을 때 그의 일은 더 잘되고 그 마음은 더욱 고상해지는 법이다. 우리는 어떤 일을 할 때 그에 대한 보상을 요구하거나 기대하지 말고, 오로지 그 일을 행하는 것에만 전념하면서 해야 한다." 이런 말은 그럴듯하게 들리는 고상한 말이지만, 건강한 마음을 가진 우리 같은 보통 사람에게는 뜬구름 같은 공허한 말이다. 그것은 구덩이에서 나온 또 하나의 맹신이다. 신약은 자기 몫을 기대하는 것이 위험한

일이라고 간주하지 않는다. 예수님은 결과에 대해 이야기하는 것을 조금도 꺼리지 않으셨다. 그분은 자기 앞에 놓인 기쁨을 위하여 십자가를 참으사 부끄러움을 개의치 아니하셨다. "아버지께서 내게 하라고 주신 일을 내가 이루어 아버지를 이 세상에서 영화롭게 하였사오니… 나를 영화롭게 하옵소서"(요 17:4-5). 선지자는 메시아가 자신의 영혼이 수고한 것을 보고 만족히 여길 것이라고 선언했다(사 53:11).

예수님은 자신의 모든 가르침 가운데 미완성의 그림을 남겨두지 않으셨다. 만일 씨 뿌리는 농부를 그리신다면 뙤약볕 아래 황금빛으로 익어가는 곡식 또한 그리신다. 그리고 알곡과 가라지를 그리신다면, 곡간과 불도 함께 그리신다. 만일 포도원에서 일하는 사람을 그리신다면, 저녁에 저마다 자기 품삯을 받는 모습도 그리신다. 또한 잔치에 참석한 부자를 설명하시면, 그 부자가 자신의 몫으로 무엇을 받을지를 잊지 않고 말씀하신다. 예수님은 달란트를 받은 사람들의 결국이 어떠했는지를 잊지 않고 알려주신다. 그리고 사람들이 일을 잘해야 하는 이유를 알려주시며, 그들이 자신이 일한 결과에 따라 칭찬이나 책망을 받게 될 것이라고 분명히 말씀하신다. 베드로가 예수님께 자신이 치른 희생의 대가로 무엇을 받게 될 것인가 여쭈었을 때 예수님은 그를 꾸짖지 않으시고 이렇게 분명히 말씀하셨다. "나와 복음을 위하여 집이나 형제나 자매나 어머니나 아버지나 자식이나 전토를 버린 자는 현세에 있어 집과 형제와 자매와 어머니와 자식과 전토를 백 배나 받되 박해를 겸하여 받고 내세에 영생을 받지

> 🕮 만일 사랑이 세상에서 가장 귀한 것이라면 목회자는 세상 누구보다 더 많은 땅의 값진 보물을 얻는 사람이다. 이것이 그가 받는 첫 번째 상급이다.

못할 자가 없느니라"(막 10:29-30). 이 말은 그리스도의 사역자들이 자신의 노력에 대해 풍성한 보상을 받을 것이라는 의미가 아니고 무엇이겠는가. 그들은 이 세상에서 가장 좋은 것을 받고 다음 세상에서는 더 좋은 것을 받는다. 이 약속은 모든 세대를 통하여 아름답게 성취되었다.

오직 하나님의 영광만을 바라보고 나머지 모든 것들은 뒤로 한 채 자신의 사명을 행하는 사역자는 세상이 주는 가장 좋은 것을 받는다. 많은 사람들이 그의 친지와 친구가 된다. 많은 아버지와 어머니들은 그가 자기 가족의 한 사람이라는 사실을 자랑스러워한다. 노인들은 그를 사랑스러운 눈으로 아들처럼 바라본다. 젊은이들은 그를 아버지처럼 존경스러운 눈으로 바라본다. 동년배들은 그를 형제로 사랑한다. 많은 이들이 그를 동료요 친구로 여긴다. 그는 많은 가정에 자유롭게 드나들 수 있다. 집과 토지들이 법적인 면에서는 아니지만 영적인 관행에 따라 그의 것이 된다. 감사와 애정, 그의 앞에는 항상 이런 것들이 황금과 유향과 몰약처럼 쏟아부어진다. 만일 사랑이 세상에서 가장 귀한 것이라면 목회자는 세상

누구보다 더 많은 땅의 값진 보물을 얻는 사람이다. 이것이 그가 받는 첫 번째 상급이다.

  물론, 그가 모든 사람에게 사랑을 받지는 않을 것이다. 예수님은 좋은 일에는 여러 가지 고난이 따르기 마련이라고 조심스럽게 언급하셨다. 이런 것들 역시 사역자가 받는 상급의 일부분이다. 바리새인들과 사두개인들과 서기관들은 언제나 그를 대적할 것이다. 못된 마음을 갖지는 않았으나 어리석은 귀를 가진 사람들은 그를 오해하고 그에 대해 잘못된 말을 전할 것이다. 게으른 이들은 그에 대해 수군거리고, 감사할 줄 모르는 사람은 선을 악으로 갚을 것이다. 귀신에 사로잡힌 사람은 공공연하게 그를 공격할 것이다. 이 모든 것은 충분히 예상되는 일들이다. 어찌 학생이 선생보다 높으며 종이 그 상전보다 위에 있겠는가? 젊은이들이여, 이런 불길 같은 경험이 덮쳐올 때 이상히 여기지 말라. 모든 사람이 당신에 대해 좋은 말을 하지 않는다고 당황하지 말라. 교회 안에서 반대에 부딪힌다고 울거나 눈물을 흘리지 말라. 자신의 의무를 다하면 분란이 일어날 것이지만, 당신을 사랑하는 신실한 마음이 당신과 항상 함께할 것이다. 당신이 겟세마네에 오를 때면 친구들이 문에 남아 기도할 것이며, 당신이 십자가에서 숨을 거두면 많은 충성된 이들의 애정 어린 헌신과 함께 하늘로 옮겨질 것이다. 이 땅에서 신실한 목회자를 향한 교회의 사랑보다 더 아름다운 것은 없다.

이제껏 자신들이 받아온 사랑을 얻기 위해서라면 천 년 동안이라도 수고할 만한 가치가 있다고 생각하며 살아가는 사역자들이 있다. 많은 친구들의 사랑을 받는 사람은 바리새인들의 비웃음과 고위층과 제사장들의 조롱을 모두 잊고 지나갈 수 있다. 공적인 자리에 앉은 모든 사람이 부득불 받을 수밖에 없는 사소한 비난들은 오랜 세월에 비추어보면 아무것도 아니다. 앙심을 품고 비난하는 사람들이 내뱉는 모든 악의적이고 신랄한 발언들은 사랑이 가슴에 강물처럼 흐르는 사람에게는 그 물결 가운데 생겨난 몇 개의 물방울에 불과하다. 목회자는 자신의 사역을 마칠 무렵이 되면 이따금씩 자신이 걸어온 길에서 마주쳤던 매서운 돌풍들을 모두 잊고서, 시편 기자와 함께 이렇게 고백한다. "내 평생에 선하심과 인자하심이 반드시 나를 따르리니"(시 23:6).

이런 목회자의 사랑은 아름다울 뿐 아니라 영원하다. 그 사랑은 다른 모든 것들이 소멸된 때에도 살아남는다. 목회자에 대한 애정은 설교자에 대한 흠모와 다르다. 유창하게 말을 잘하는 설교자에게는 악단과 횃불의 행렬이 뒤따른다. 그의 곁에는 신문의 지면과 환호하는 관중들이 있지만, 그의 명성은 신속하게 잊혀진다. 그의 목소리가 심금을 울리지 못하면 관중들은 사라지며, 이전의 그를 추모하는 사람이 가끔 그를 기억할 것이다. 그러나 목자는 그렇지 않다. 그는 자신이 친구가 되어주었던 사람들의 가슴 속에 항상 살아 있다. 친절함에 대한 기억보다 더 오래 남는 기억은 없다. 강대상에서의 많은 노력은 신속하게 잊혀지며, 저명한 서적들도 대중의 마음 가운데 빨리 사라질 것이다. 누가 50년 전에 출판된 신학 서적이나 설교집을 읽겠는가? 저자와 웅변가들은 책의 명망과 함께 살지만, 목자는 자신이 목양한 이들의 마음속에서 살아간다. 어떤 사람이 유창하게 말을 잘한다는 명성은 그 지역에서 오랫동안 전해내려질 수 있지만, 그가 선하다는 평판은 그보다 더 오래 이어질 것이다.

나이 드신 분들이 자신들이 어렸을 때 사역하시던 분들에 관해 이야기하는 것을 들어보면 보통 이런 말들을 하신다. "나는 그분이 우리 어머니의 장례식 때 하신 말씀이 얼마나 위로가 되었는지 아직도 잊지 못하겠어." "전에 내가 더 이상 살고픈 생각이 없었을 때 그 분이 내게 어떻게 용기를 심어주셨는지 아직도 생생하게 생각이 나." "내가 아직 어린아이였을 때 그 분이 나를 쓰다듬어주시던 손길을 지금도 느낄 수 있어." "그 분이 가난한 사람들에게 얼마나 친절했는지 그리고 큰 전염병이 돌았을 때 그 분이 자신을 희생하셨던 모습을 추억하면 기분이 좋아져." 이런 것들이 바로 살아 있는 기억이다. 우레의 아들들, 곧 야고보와 요한은 아름다운 음성과 같은 목소리로 세상을 어느 한순간 채울 수 있는 혀를 가졌지만, 초대 교회가 기억하는 야고보는 스승을 위해 가장 먼저 자기 목숨을 내놓은 사람이다. 그리고 소아시아에서 가장 오랫동안 생존했던 요한은 신학자나 웅변가 요한이 아니라, 잃어버린 양을 다시 우리로 돌아오게 하기 전까지는 자신의 끈질긴 호소를 멈추지 않은, 전에는 강도였던 회심자를 찾아 헤매는 목자였다. 저명한 설교가 필립스 브룩스(Phillips Brooks)가 죽었을 때 세상은 설교의 왕자를 잃었지만, 그가 소천한 다음 주에 보스톤 거리 이곳저곳에서 들려오던 이야기는 그의 유창한 설교가 아니라, 그가 보여준 목회자로서의 신실함과 그가 가난한 사람들에게 베푼 친절에 얽힌 일화들이었다.

우리 부모님의 삶 가운데 우리가 가장 잘 기억하는 모습은 어떤 것일까? 그것은 그 분들이 옹호한 이론, 그 분들이 전한 지혜로운 말씀, 그 분들이 읽은 박식한 논문이 아니라 우리를 향한 자기희생의 사랑, 굽힐 줄 모르는 인내 그리고 한결같은 친절이다. 이런 것들이 바로 우리 마음 가운데 남아 있는 기억이며, 그 일들을 생각할 때 하늘이 열리고 하나님의 사자들이 내려온다.

자기와 함께하는 이웃들의 마음 가운데 영원히 살아가기를 바라는 것은 바람직한 야망이다. 그 야망을 성취할 수 있는 가장 확실한 길은 성실하게 목자의 일을 행하는 것이다. 우리 가운데 많은 사람은 똑똑하지 않을 수도 있지만, 물론 하나님이 그렇게 명하시면 그렇게 될 수 있지만, 누구나 성실한 사람은 될 수가 있다. 우리는 도와주려는 마음으로 가득해질 수도 있고, 사람들이 바나바에게 했던 이런 말들을 다시 들을 수도 있다. "바나바는 착한 사람이요 성령과 믿음이 충만한 사람이라"(행 11:24). 나는 아펜니노 산기슭에 외롭게 있는 한 무덤에서 다음과 같은 묘비를 보았다. 우리의 묘비에도 그렇게 새겨지게 할 수 있다. "그는 착한 사람이요 좋은 안내자였다."

목회자는 사람들의 사랑 외에도 그보다 더 높고 복된 다른 만족들을 얻는다. 그가 받는 두 번째 상급은 사람들을 돕는 데서 오는 만족감과 한 사람의 마음을 어루만지고 밝게 하는 일을 마친 뒤에 찾아오는 평안이다. 그것은 실망이라는 늪에, 때로는 절망의 구렁텅이에 빠진 사람의 손을 붙잡고 그를 건져올리는 기쁨이다. 그에게는 한 가정의 분위기와 흐름을 변화시키는 즐거움이 주어진다. 그는 자신이 하나님의 손안에서 한 공동체의 삶을 변화시키는 도구로 사용되고 있다는 것을 아는 희열을 누리기도 한다. 이런 것들은 미묘하고도 은은한 상급으로, 하늘 계산대에서만 지급되는 동전과도 같다. 그 상급은 설명할 수도 없고 말로 표현할 수도 없는 종류의 급여다. 세상은 그런 급여를 제공할 수도 없고, 그것을 앗아갈 수도 없다. 많은 회중들의 시선을 한 시간 이상 집중시킬 때 얻는 만족감은 무시되어서는 안 되는 것이지만, 자신의 행동으로 인해 인간의 삶이 완전히 변화된다는 것을 아는 데서 오는 만족은 그보다 한없이 값진 것이다. 공적인 일을 성공적으로 마친 뒤에 오는 만족감은 달콤하지만, 그보다 한없이 달콤한 것은 그리스도의 은혜로 말미암아 한 사람을 하나님께 나아가게 만들 수 있었다는 느낌이다.

개인적인 영향력의 힘, 곧 한 사람의 생애를 다른 사람의 삶에 쏟아부을 수 있는 힘은 하늘이 주신 모든 은사 가운데 가장 풍성한 것이며, 특히 목자에게 부여된 은사가 바로 이것이다. 목자는 개인의 영혼에 가까이 다가감으로써 그의 영혼과 자신의 영혼 안에 있는 어떤 본질을 교감하며, 그 시간 이후로 그는 자신의 삶뿐 아니라 자신을 통하여 변화되는 다른 영혼 안에서 살아간다. 그는 하나님의 선하심을 통하여 차갑게 식은 제단에 불을 지피고, 삶의 즐거움을 상실한 영혼을 위해 세상을 재창조하도록 허락받았다. 그의 인내와 지혜와 충성됨을 통하여 세상에서 아무 소망도 없고 하나님도 없이 살던 사람들이 신속하게 새로운 삶에 접어들며, 하늘에 계신 자기 아버지께 영광을 돌리기 시작한다. 이 상급은 다른 어떤 것보다 풍성한 것이다. 자신에 대한 사랑을 얻는 것은 위대한 일이지만, 하나님을 향한 사랑을 얻는 것은 더 위대한 일이다.

목자는 이 두 가지를 모두 할 수 있다. 사람들은 그를 사랑할 것이다. 왜냐하면 그가 그들에게 하나님을 사랑하는 방법을 가르쳐 주었고, 그들은 이 세상에서 그 밖에 달리 사랑할 사람이 없기 때문이다. 눈으로 보지 못하고, 귀로 듣지 못하며, 사람의 마음속에 들어가지 못하지만, 하나님을 위하여 일할 사람들을 위해 준비된 것들이 성령님에 의하여 목자의 마음에 계시된다. 모든 지각에 뛰어난 평강은 목자가 받을 급여의 넉넉한 일부분이다.

  그렇지만 목회자가 이런 풍성한 내적인 상급을 받는다는 것은 혹시나 강대상의 효율을 희생한 대가가 아닐까? 그는 개인적으로 친구로 삼은 다양한 부류의 사람들로부터 사랑을 얻는 동안 사람들 전체에 대한 장악력은 잃어버린 것이 아닐까? 많은 젊은 사역자들은 처음 부임하는 교회로 가면서 목회자의 사역에 바치는 모든 시간들은 버려진 시간이 되는 것 같은 느낌을 받는다. 그는 마지못해 그런 일들을 하면서, 마치 목회에 시간을 사용함으로써 강대상에서의 능력이 감소되는 것은 아닌지 걱정한다. 그런 생각은 오해다. 누구도 항상 공부만 하고 있을 수는 없다. 하루에 몇 시간씩 책을 보는 일은 제아무리 원기 왕성한 두뇌라도 지치게 만든다. 온종일 책을 읽는 것보다 반나절만 책을 읽고, 나머지 반나절에는 새로운 독서 의욕을 갈고 닦는 것이 책으로부터 더 많은 것을 얻을 수 있다. 더욱이, 목자로 섬기는 일은 사역자가 자신의 설교와 관련된 일을 하는 것이다. 설교 준비는 두 가지 단계를 필요로 하는데 첫 번째는 설교자와 관련된 것이고, 두 번째는 설교 내용과 관련된 것이다. 그리고 첫 번째도 두 번째와 마찬가지로 중요한 것이다. 만일 설교자가 준비되지 않는다면 그 설교는 알맹이가 빠진 것이다. 설교자의 마음을 더 철저하게 가다듬을수록 설교의 무늬와 향내가 한층 더 세련되어진다. 설교자가 사람들과 함께 어울리는 것과 견줄 수 있는 설교 준비는 없다. 사역자가 목자로서의 여러 가지 일들에 참여하는 것은, 곧 자기 앞에 사전과 백과사전과 주석들을 펼쳐놓고 연구하는 것만큼이나 설교 준비에 힘쓰는 것이 된다.

그러나 사람들과 가까이 접촉하는 것은 아름다운 꿈에서 깨어나는 것이며, 그럼으로써 행여나 설교자의 열정에 해가 되지는 않을까? 멀리 떨어져 있을 때 풍경이 더 아름다워 보이는 것처럼, 인간의 속좁음과 비열함을 더 자세히 알수록 설교자의 열심에 찬물을 끼얹고 그의 설교에 냉소적인 구절을 더하지는 않을까? 이런 경우 적게 아는 것이 더 바람직한 일이며, 상세한 지식은 다소 위험한 것이 아니겠는가? 이러한 가정들은 모두 잘못된 것들이다. 우리가 사람들을 싫어하는 것은 그들을 손가락 끝으로만 접촉할 때다. 우리의 판단이 성급한 것이 될 때는 그들에 대해 조금밖에 알지 못할 때다. 그들에 대해 더 많이 알게 될수록 처음에 놓치고 지나간 좋은 것들을 더 많이 발견하게 된다. 그들이 겪고 있는 모든 일들을 이해할 때 그들의 약점을 이해하게 되고, 우리의 마음은 정죄 대신 긍휼함으로 나아가게 된다. 더군다나, 사역자가 인간이 가진 도덕적인 결점으로 인해 그들과 멀어져야 하는 이유가 어디에 있다는 말인가? 왜 그들의 비열한 무관심에 상처를 입거나, 그들의 허물에 진저리를 치거나, 그들의 편견에 합류하거나, 그들의 악함에 실망해야 하는가? 만일 인류가 도덕적으로 건강하다면 의사가 필요 없을 것이다. 만일 모든 사람이 마땅히 되어야 할 그런 모습을 갖추었다면 목자가 있을 자리는 필요 없을 것이다. 그리스도가 자신의 복음을 전할 사람을 온 세상에 보내신 것은 바로 사람들이 그런 몰락한 상태에 있기 때문이다. 만일 자신에 대해 비관적인 생각이 드는 사역자가 있다면 그는 펜을 놓고 사람들과 더 가까이 교제해야 한다. 인간 본성에 내재하는 비관적인 측면을 치유하는 방법은 멀리 떨어져 있는 것이 아니라 가까이 접촉하는 것이다! 이제껏 세상이 알고 있던 가장 열정적인 믿음의 사람은 세리와 죄인과 가장 가까이 지내는 가운데, 사람의 가장 깊숙한 속에 무엇이 들어 있는지를 분명히 알았던 분이셨다.

그러나 우리는 사색가이면서 동시에 활동가, 즉 생각하는 사람이면서 행동하는 사람이 될 수 있는 것일까? 사역자가 실용적이면서도 거룩한 욕구를 함께 가지고 있을 수 있을까? 세상의 사소한 것들에 관심을 기울이면서 동시에 하늘로 높이 치솟아 오를 수 있을까? 교구 업무에 신경을 쓰는 것이 상상의 날개를 부러뜨리고 영혼의 한 차원 높은 힘을 무기력하게 하지는 않을까? 두 발을 땅에 뿌리 내린 채 하늘에 속한 것을 열심히 이야기하는 것이 가능할까? 답은 물론 그럴 수 있다는 것이다. 그리스 신화에 나오는 거인 안타이오스는 자기 발이 대지에 닿지 않는 동안에는 헤라클레스와 싸워 이길 가망이 없었던 것처럼, 그 어떤 설교자도 사람들이 살아가는 이 행성 위에 두 발을 굳게 딛지 않는다면 이 세상의 가공할 세력들과 싸워 승리할 수가 없는 것이다. 가장 위대한 시인인 셰익스피어는 실용적이면서도 사실을 추구하는 정신을 가졌다. 그는 스트래트포드(Stratford)라는 작은 마을에서 벌어지는 단조로운 일들에 관심을 가지면서도, 런던이라는 큰 무대에서 벌어지는 시적인 것들에도 주의를 기울일 수 있었다. 그는 인류 역사에 등장하는 수많은 영웅들의 비극적인 체험뿐 아니라, 영국의 시골에서 살아가는 별볼일없는 사람들의 일상적인 일과 놀이도 자기 것으로 삼을 수 있을 만큼 폭넓은 정신을 소유했다. 그가 영원토록 세상에 즐거움을 안겨줄 인물들을 창조할 수 있었던 것은 바로 자기 주위에 있던 평범하고 단조로운 삶을 지극히 공감하며 바라보았기 때문이다.

혹자는 책의 저자가 되고 싶어하는 사역자가 일상적인 목자의 임무들에 많은 시간을 할애하는 것이 지혜로운 일인지 묻기도 한다. 왜 아니겠는가? 목자의 일을 행하는 것이 저자가 되고 싶어하는 모든 사람과 어울리는 것은 아닌데, 이것이 다행인 것은 하나님이 모든 사역자에게 책을 써야 한다고 명령하지 않으셨기 때문이다. 그러나 만일 한 사역자가 책을 쓰기 위해 이 세상에 보내심을 받았다면, 그가 행하는 목자로서의 사역은 결과적으로 그의 재능을 증진시켜줄 것이다. 세상이 알아야 할 가치가 있는 어떤 것들을 배우지 않은 사람이라면 책을 출간할 권리가 없다. 만일 그가 인간의 내면에 도달해보지 않는다면 참신하고 생명력 있는 지식을 어떻게 얻을 수 있겠는가? 독서를 통해 얻은 것에서 나온 책은 일반적으로 재미도 없고 가치도 없다. 가장 좋은 책은 세상과 독자적인 접촉을 확립한 사람들의 두뇌 안에서 태어난 것이다.

　기독교 역사는 목자의 노고가 글을 쓰고자 하는 본능과 능력을 파괴하지 않는다는 사실을 분명히 보여준다. 모든 청교도 작가 가운데 가장 많은 책을 저술한 사람은 리처드 백스터이며, 그는 17세기 목회자들 가운데서도 으뜸이다. 그의 훌륭한 책들은 목회자로서 그가 가장 바쁠 때 쓰였다. 19세기에 쓰인 책들 가운데 영국의 옥스퍼드 운동을 주도했던 존 케블(John Keble)의 「교회력(Christian Year)」만큼 넓은 영향을 끼친 책도 드문데, 그 책은 그가 시골 교회의 목회자로서 보살핌에 전념하던 때 쓰였다. 영국의 시인 조지 허버트(George Herbert)는 병들고 가난한 사람들을 위한 부르심을 따라 일하고 있었을 때 자신의 가장 훌륭한 시를 썼다. 영국의 시인이자 소설가인 찰스 킹슬리(Charles Kingsley)는 자신의 목회자로서의 일이 너무 막중하여 글을 쓸 시간을 마련하기 위해 새벽 4, 5시에 일어나야 했을 때 자신의 가장 위대한 작품을 탄생시켰다. 그리고 글에 담긴 유머와 정감으로 구 대륙과 신세계 모두를 매료시킨 존 왓슨(John Watson)은 19세기 목회자들 가운데 가장 부지런한 사람이었다.

현실적으로, 자신의 목회자로서의 일을 소홀히 여기고 서가에 틀어박혀 "자신의 정신을 고양시키고 밖으로의 문을 걸어 잠근 채" 문학적 야심을 키워나가는 젊은 사역자는 세상이 즐겨 읽을 책을 탄생시킬 가능성이 거의 없다. 그러나 만일 어느 사역자가 먼저 하나님 나라를 구하고, 날마다 사람들을 향한 자신의 의무를 모두 감당한다면, 어떤 책이든 주님이 필요하신 것이라면 그 사람에게 더해주실 것이다. 목자의 일이 하나님이 사용하기 원하시는 펜을 무디게 만드는 일은 결코 없다. 신약 성경의 4분의 1을 기록할 수 있도록 허락받은 이는 바로 그 마음에 모든 교회를 향한 사랑을 담고, 에베소 교회의 모든 성도들에게 밤낮 눈물로 경고하는 가운데 열심히 일하던 목자였다.

그러나 사교적이지 못한 성품을 갖고 있으며, 목자로서의 일을 부담으로 여기고 있는 사람이 있다고 생각해보자. 그가 스스로 응석을 부리며 양과 어린 양들이 고통을 당하도록 내버려두는 것이 합당한 일이겠는가? 그렇지 않다. 만일 사역자에게 사교적인 재능이 부족하다면, 자신의 성격 가운데 사교적인 면을 부단히 연마해야 한다. 만일 어떤 사람의 한쪽 어깨가 다른 쪽보다 높다면 그가 해야 할 일은 계속 그렇게 불균형하게 성장하는 것이 아니라 체계적인 연습을 통하여 낮은 쪽 어깨를 높이는 일이다. 만일 어떤 사람이 대화를 나누는 것에 소심하고 쑥스러워한다면 더 자주 대화를 하게 하라. 만일 그가, 나다니엘 버튼(Nathaniel Burton)이 고백한 것처럼 사람들보다는 논문 주제들을 더 좋아한다면, 그로 하여금 더욱더 사람들과 어울려 지내게 하라. 성공적인 설교자는 결코 은둔자가 될 수 없다. 설교자가 고립된 생활을 한다면 그의 설교 안에는 고독과 관련된 분위기가 가득 넘칠 것이다. 사교적이지 못한 사역자는 다시 태어날 필요가 있다. 자기 스스로 중생이 체험 가능한 일임을 믿고 있지 못하면서 어떻게 다른 사람들에게 거듭남에 대해 외칠 수 있겠는가? 자기는 여전히 옛사람으로 남아 있어서 하나님이 자기 안에서 역사하시지 못하도록 불신앙을 보이면서, 어떻게 그리스도 안에서 새사람이 되는 일의 특권을 부르짖을 수 있는가?

그러나 좋은 설교자이면서 동시에 좋은 목자가 되는 것이 가능한 일일까? 한 가지 은사가 다른 은사를 가로막지는 않을까? 한 가지 역량을 개발하면 다른 것이 위축되지는 않을까? 어떤 목회자들은 자신의 목자적인 본능들을 근심 어린 시선으로 바라보면서, 만일 그 본능들이 개발되도록 내버려둔다면 설교에 필요한 혀가 둔해지지 않을까 걱정한다. 어떤 사역자는 "좋은 목자"라고 불리는 것을 피하는데, 그것은 그런 칭찬이 설교자로서 자신의 명성에 손상을 입히고 자신이 대중의 눈에 맞추어 깎아내려질까 걱정하기 때문이다. 그런 사람들은 잘못 알고 있는 것이다. 교회가 너무 크지만 않다면, 사역자는 동시에 좋은 목자와 좋은 설교자가 될 수 있다. 좋은 목자가 될수록, 다른 조건들이 동일하다면 더 좋은 설교자가 되기 마련이다. 사람들이 강대상 위에서 걸리고 넘어지는 것은 목자로서의 일을 하다가 다리를 절고 천천히 기어가기 때문이다. 그들이 주중에 사람들을 돌보지 않고 방치하기 때문에, 하나님은 주일에 그들을 방치하시는 것이다. 목자의 마음을 갖지 못한 사람은 이상적인 설교자가 될 수 없다.

그리고 목자에게 주어지는 세 번째 상급은 이것인데, 바로 강대상의 능력이 증진되는 것이다. 그렇다고 자신이 신실한 목자임을 입증한 모든 사람이 유명한 강단의 설교자가 될 것이라는 말은 아니다. 강단 설교자는 소수인데, 그 까닭은 아마도 그들이 교회 발전에 반드시 필요한 존재가 아니며, 그들 가운데 많은 이들이 세상

> 🐾 어떤 사역자는 "좋은 목자"라고 불리는 것을 피하는데, 그것은 그런 칭찬이 설교자로서 자신의 명성에 손상을 입히고 자신이 대중의 눈에 맞추어 깎아내려질까 걱정하기 때문이다.

을 타락시킨 탓이기도 하다. 여기서 말하고자 하는 바는 목자의 사역이 설교하려는 본능을 배제시키지 않는다는 것과, 모든 사람은 그 사역이 온당한 한도 내에서 이루어지기만 한다면 자신이 행하는 목회 사역으로 인하여 더 훌륭한 설교자가 된다는 것이다.

여기서 목자로서 하는 일이 설교자에게 제공하는 많은 공헌 가운데 몇 가지를 언급하는 것이 도움이 되겠다. 어쩌면 당신은 우레의 아들들처럼 지역 사회를 정복하고자 하는 커다란 야망을 갖고 있는지도 모르겠다. 만일 목자의 사역이 당신의 설교에 어떤 중요하고도 지속적인 공헌을 하는지 기억한다면, 퉁명스러운 마음으로 목회 사역을 하는 죄를 피하는 데 도움이 될 것이다. 당신은 마지못해서나 어쩔 수 없는 마음으로 목회 사역을 해서는 안 된다. 왜냐하면 하나님은 온 마음을 바치는 목자를 사랑하시며, 사람들 역시 마찬가지기 때문이다. 백스터는 목회 사역을 "달콤하며 만족스러운 근무"라고 말했다. 목자가 하는 일들은 그에게 "짐이 아니라 은총과 기쁨이다." 그런 사람의 손을 통해 하나님의 역사가 크게 일어나는 것은 놀라운 일이 아니다.

그럼 이제부터 목자로서의 일이 설교에 어떤 유익을 주는지 살펴보자.

1. 그 일은 사역자에게 설교의 자료를 제공해준다. 해마다 동일한 사람들에게 매주 설교를 해야 하는 사람에게는 엄청난 분량의

설교 자료가 필요하다. 바로 그 자료를 교구 안에서 얻을 수 있다. 만나는 매일 내리며, 그것도 사역자의 대문 가까이에서 내리고 있다. 현실에서는 죄악이 얼마나 해로운가에 대한 증거들이 항상 나타난다. 그리고 하나님의 임재와 인도하심에 대한 새로운 증거들이 매일 드러난다. 기독교를 가장 알기 쉽게 보여주는 비유는 책에서 얻는 것이 아니라 사람들이 제공한 자료를 통해서다. 갈릴리 바다는 모든 교회마다 존재하며, 예수님은 전에도 그러셨던 것처럼 그 해변가를 거니시면서 사람들과 함께 담소하시고 그들을 도와주신다. 사역자는 그 자리에 있어야 하며, 사람들의 체험 가운데 주님이 하시는 말씀에 귀를 기울여야 한다. 사람이 인생의 깊은 곳으로 들어가는 자리가 바로 그곳이다.

심오함에는 두 가지 종류가 있는데, 하나는 책의 심오함이고, 다른 하나는 일상의 심오함이다. 물질은 무엇인가? 물질과 영혼은 어떤 관계인가? 악의 기원은 무엇인가? 어떻게 하면 인간이 자유를 얻을 수 있는가? 영감이란 말의 확고한 정의는 무엇인가? 이런 것들은 책의 심오함이다. 그러나 일상의 심오함은 그보다 더 깊다. 사랑과 미움, 소망과 두려움, 믿음과 의심, 죄와 의무, 용서와 후회, 침체와 열망, 감동적인 능력으로 설교를 하려는 사람은 이 모든 것 안으로 들어가야만 한다.

모든 교구에서는 날마다 깜짝 놀랄 만큼 많은 흥미로운 이야기들이 흘러나오며, 설교자는 그런 이야기들을 되도록 많이 들어야 한다. 어린이들이 창작한 이야기들과 나이 든 성인들의 지혜로운 말들 모두를 말이다. 작가인 윌리엄 해즐릿(William Hazlitt)은 이렇게 말했다. "우리가 하룻동안 마차를 타고 옥스퍼드를 오고 가며 들은 좋은 것이 학구적인 신학교에 다니는 사람들에게서 일 년 동안 들은 것보다 더 많다." 물론 이 말은 과장된 것이지만, 마차를 탔을 때 좋은 말을 많이 들을 수 있다는 것은 분명한 사실이다. 때로는 그림이나 다이아몬드나 여러 종류의 음식을 예화로 사용하는 것이 합당할 수도 있지만, 설교에 가장 좋은 예화는 자기 주위에서 매일 보는 것들이다. 나사렛 예수께서도 비유를 찾기 위해 좁은 팔레스타인 지역 밖으로 벗어난 적이 한 번도 없으셨다. 그분이 영적인 세계의 생생한 실체를 전달하기 위한 수단으로 사용되어진 예화에는 농부의 손에 들려진 씨앗, 그분의 발 앞에서 피어나고 있는 야생화, 해변가에 널브러진 낡은 그물, 일상의 직업에 종사하는 사람들의 체험들이었다.

  모든 사역자에게 설교의 소재가 떨어졌다고 느껴질 때가 몇 번씩은 있다. 그는 자기가 말하고 싶었던 것은 모두 말했고, 자기가 알고 있는 것은 모두 선포했다. 설교 소재가 담긴 항아리를 샅샅이 훑었기 때문에 아무리 쥐어짜도 더 이상 나올 건더기가 없을 때가 있다. 나무도 너무나 흔들어서 더 이상 떨어질 열매가 없다. 이런 불임의 시간이 찾아오면 사역자는 서재 문을 걸어 잠그고 목자가 되어 밖으로 나서야 한다. 뜨거운 뙤약볕에서 짐을 지고 가는 사람들에게 말을 걸어보라. 어쩌면 갑자기 어려움이 닥쳐 절망에 빠져 있는 사업가나, 자식이 죽은 슬픔 가운데 하나님이 계시지 않는다고 생각하게 된 여성이나, 죽음으로 인도하는 길로 막 들어선 청년이나, 이제 그리스도인으로서 살아가는 첫발을 내딛으며 당혹스러워하는 젊은 여성을 만나게 될 것이다. 그리고 집에 돌아올 때면 하나의 메시지를 가지고 오게 될 것이다. 설교자가 할 말이 없다고 생각하는 것은 그의 마음이 비어 있기 때문이며, 그때 해야 할 일은 인간의 부족함이 펼쳐진 바다로 가서 그 마음을 다시 채우는 것이다. 설교자가 자기가 맡은 사람들을 진정으로 알고 있다면 언제나 말할 것을 가지고 있게 마련이다.

2. 사역자는 목자로서의 사역을 통해 인간의 본성이 어떤 것인지 알게 된다. 그의 교회는 항상 새롭게 편집되는 인간의 영혼이다. 세상이 무엇을 필요로 하고 있는지 아는 것만으로는 부족하며 그들이 무엇을 원하고 있는지를 알아야 한다. 원하는 것과 부족한 것은 같은 것이 아니며, 설교자는 그 둘을 모두 알아야 한다. 좋은 말을 들려주는 것만으로는 충분하지 않다. 우리는 어리석은 것들도 알아야 하고, 선한 것들과 함께 악한 것들도 알아야 하며, 진리와 함께 오류도 알아야 한다. 사람들의 장점뿐 아니라 약점도 분명하

게 인식하고 있어야 한다. 설교자가 가장 커다란 영향력을 미칠 수 있는 것은 바로 이러한 지식을 갖고 있을 때뿐이다.

제아무리 명사수라도 어두운 곳에서는 과녁을 명중시킬 수 없다. 만일 사람들이 어디에 있는지 설교자가 알지 못한다면 누구를 대상으로 설교할 수 있겠는가? 설교자는 성경을 알아야 할 뿐 아니라 자기 회중에 대해서도 반드시 알아야 한다. 그런데 겨우 한 번 만나본 것만으로 어떻게 회중들을 알 수 있겠는가? 시인이자 소설가인 월터 스콧(Walter Scott)은 자신이 우연히 만나게 된 사람과도 항상 대화를 하는 것을 원칙으로 삼았다. 그는 자기 집의 하인들과 친구들의 하인들과 대화하기를 좋아했다. 정원사, 마부, 급사를 비롯해 온갖 종류의 사람들이 그에게 즐거움을 안겨주었다. 한번은 그의 하인 한 명이 이렇게 말했다. "월터 씨는 모든 사람들이 마치 자기 핏줄이라도 되는 것처럼 이야기를 하셔." 그러니 월터 스콧이 수백만 명의 마음을 사로잡은 마법사가 된 것도 다 이유가 있는 것이다. 그는 인간의 마음에 가까이 다가감으로써 그 박동이 어떠한지를 깨달았고, 그가 쓴 「웨이벌리(Waverly)」*가 등

> 제아무리 명사수라도 어두운 곳에서는 과녁을 명중시킬 수 없다. 만일 사람들이 어디에 있는지 설교자가 알지 못한다면 누구를 대상으로 설교할 수 있겠는가?

---

*영국문학사상 최초의 역사 소설

장했을 때 사람들은 지위 고하를 막론하고 그 안에서 자신의 심장과 같은 맥박이 뛰고 있는 것을 느꼈다.

성공적인 설교자가 되고자 하는 사역자는 모든 사람에게 그 사람이 마치 자기 피붙이인 것처럼 이야기를 해야 한다. 진리는 반드시 적용되어야 한다. 그 진리가 어둠 가운데 있는 사람에게 어떻게 적용될 수 있겠는가? 지식은 활용되어야 한다. 그 지식을 필요로 하는 사람이 누구인지 모른다면 그것을 어떻게 지혜롭게 사용할 수 있겠는가? 모든 것은 원과 직선이 만나는 접점에 달려 있으며, 그 접점은 목자의 사역 가운데 세워진다.

시인이자 비평가인 매튜 아놀드(Matthew Arnold)는 시인 셸리(Shelley)를 "그 빛나는 날개를 허공 중에 쓸데없이 퍼덕이는, 아름답지만 무기력한 천사"라고 부르곤 했다. 그것은 야심을 가진 많은 설교자들을 정확하게 묘사한 말이다. 그는 아름다운 정서를 지니고 있지만, 그의 메시지는 무기력하다. 그는 천사가 말하는 것처럼 말씀을 전하지만, 교회 안에서 그가 퍼덕이는 설교의 날갯짓은 허공을 가를 뿐이다. 이런 비극의 근원은 그에게 세상과의 만남이 부족하다는 데 있다. 그는 양의 습성이 어떤 것인지를 꿰뚫고 있는 목자가 되지 못했다.

3. 목자의 임무에 충실하면 심지어 설교의 형식마저도 지속적으로 개선될 수 있다. 설교 가운데 많은 부분은 설교자의 어휘에 따

라 좌우된다. 설교는 사람들이 알고 있는 낱말들로 구성되어야 한다. 시장과 길거리와 가정에서 사용되는 말들처럼 흙으로 만든 그릇에 하늘의 보화가 담겨지는 것이다. 사람들은 복음이 자신의 모국어로 선포되지 않으면 결코 그 복음을 깨닫지 못한다. 만일 설교자가 책을 사랑하는 사람이라면, 그에게는 대중들의 말이 아니라 학자들의 말을 사용하고픈 유혹이 일어날 것이다. 그가 자제하지 않는다면 헬라어나 라틴어, 혹은 독일어나 불어에서 온 단어들을 사용하게 되겠지만, 그러나 오히려 평범하고 단순한 말을 사용할 때 그의 사역은 더욱 효과적으로 수행될 것이다.

알아듣기 어려운 모든 말들은 설교자의 능력에서 제해버려야 한다. 설교자가 사용하는 어휘는 일상적인 대화의 엄정한 영향력 아래 놓여야 한다. 학교에서 배운 딱딱한 격식을 차린 말들은 일상의 대화 가운데서 깊이 숙성되어야만 설교자의 스타일로 되살아나게 되는 것이다. 스타일은 경직되는 경향이 있으며, 문장은 조심하지 않으면 화려하고 복잡해지는 습성을 갖고 있다. 만일 설교자가 훌륭한 문학적 심미안을 갖고 있다면, 뛰어나면서도 엄격하며 높은 교양을 가진 사람들의 즐거움이 되어주는 섬세한 명암의 대비, 정교하면서도 고차원적인 어구, 고상한 비유 그리고 세세한 기법에 몰입하고픈 유혹을 받게 될 것이다. 자신이 미처 깨닫기 전에 그의 스타일은 사람들과 그가 전하고자 하는 진리 사이에 장애물이 될 것이다. 양 떼들은 그 멋지고 아름다운 문장들을 향해 나아가겠지만, 배부르게 먹지는 못할 것이다.

모든 설교자는 일반 대중들과의 대화를 통한 첨삭이라는 훈련을 받을 필요가 있다. 그 대화를 나눌 때 받아들일 마음자세를 가져야 한다. 어리석고 가식적인 말투를 사용해서는 안 된다. 그렇게 한다면 다른 사람들이 그를 비웃고, 그는 아마 자기 스스로를 비웃게 될 것이다. 만일 자신이 강단에서 어떤 어투를 사용하는지 들을 수 있다면 몹시 흥미로울 것이다. 우리가 대화를 할 때 사용하는 낱말들은 단순하면서도 짧고, 우리가 구사하는 문장은 솔직하고 직설적이며, 우리가 보여주는 스타일은 유연해야 한다. 그래서 보통 사람들과 나누는 대화는 효과적인 강대상 문체를 키워나갈 수 있는 가장 좋은 학교가 된다. 강대상에서 흘러나오는 맹독은 복잡한 문장, 인위적인 구절의 배열 그리고 너무나 공교해서 그 의미를 찾다가 다음 말을 놓치게 되는 문체들이다. 이런 것들은 모두 대화라는 불 가운데서 타버리게 된다. 책을 읽는 것 같은 설교는 부족하다. 친구에게 하듯이 자연스러운 대화에 가까운 설교가 가장 좋은 설교다. 여러 부류의 사람들과 갖는 일상적인 교제는 사역자로 하여금 강대상에서 취하기 쉬운 딱딱함을 제거하는 데 그 어떤 것보다 도움이 될 것이다.

시인이자 비평가인 새뮤얼 존슨(Samuel Johnson)은 35세의 나이로 자기 친구인 새비지(Savage)의 삶을 책으로 펴냈는데, 모든 사람이 그 문체를 혐오했다. 그때까지 존슨은 책에 둘러싸인 삶을 살았고, 그의 문체는 극도로 지루하며 부자연스러웠다. 그후 그는 70세에 「시인들의 삶(Lives of the Poets)」을 썼는데, 그 문체는 그가 35년 전에 썼던 것을 완벽히 뛰어넘는 것이었으며, 그렇게 나아질 수 있었던 까닭은 그가 나이 들면서 친구들과 더 많은 대화를 나누게 되었기 때문이다. 그는 대화를 통해 자신이 처음에 가졌던 겉치레와 단조로움에서 벗어날 수 있었다.

설교자의 목표는 사람들에게 감동을 주는 것이며, 집게처럼 길고 뻣뻣하고 단단한 문체로는 사람들을 감동시킬 수 없다. 효과적인 문체는 유연하면서 부드럽고, 명확하면서 직접적이어야 한다. 한마디로, 대화를 하는 것 같아야 한다. 사람들은 강대상에서 거실에서와 같은 친근함을 원하지는 않지만 간결하면서 평이한 대화체를 원한다. 또한 직설적인 말을 원한다. 강대상에서 펼쳐지는 문장들은 개개인의 마음에 직접 와닿아야 한다.

영국의 계관시인 윌리엄 워즈워드(William Wordsworth)는 시인이자 극작가인 존 드라이든(John Dryden)이 대상에 시선을 두지 않고 시를 썼다고 지적했다. 워즈워드는 항상 그의 시선을 대상에 두었다. 그것이 사람들이 드라이든은 읽지 않고, 워즈워드를 좋아했던 이유다. 설교자는 종종 사람들에게서 시선을 떼고 설교하기도 한다. 이것은 그들이 사용하는 언어에서 분명히 알 수 있다. 사람들에게 시선을 두는 사람은 결코 여러 강대상에서 찾아볼 수 있는 문체를 사용할 수가 없을 것이다. 영국의 기업가이자 수필가이며 기자인 월터 배젓(Walter Bagehot)은 시인 새뮤얼 테일러 콜리지(Samuel Taylor Coleridge)에 대해 이런 말을 했는데, 그것은 사역자를 비꼰 말이다. "그는 종교적인 그리스도인이 그런 것처럼 사람들을 고려하지 않았다. 그는 다른 사람들의 생각 속에 어떤 일들이 이루어지고 있는지 알지 못한 채 그냥 앞으로 나아갔다." 이런 결점은 사람들이 살고 있는 가정 안에서 대화를 나눔으로써 치료될 수 있다. 개인적인 교제는 우리의 생각에 단도직입을 그리고 화법에 명료함을 더해준다. 대화를 하면 문체는 항상 상대방 한 사람 한 사람에게 맞추어지고, 언어는 개인의 생각에 맞추어 조절된다. 주중에 사람들과 기꺼이 이야기를 나누는 설교자는 주일에 그들에게 말하는 방법을 알게 될 것이다.

> 주중에 사람들과 기꺼이 이야기를 나누는 설교자는 주일에 그들에게 말하는 방법을 알게 될 것이다.

4. 사람들에게서 얻을 수 있는 또 다른 몇 가지 중요한 것들이 있는데, 그것은 독창성, 생생함, 불꽃 그리고 현실의 울림이다. 흥미를 자아내지 않는 설교자는 아무 의미가 없다. 흥미를 자아내지 않는 설교는 따분하다. 설교는 어떤 이의 생각처럼, 진실을 전하는

것만으로는 충분하지 않다. 설교는 진실과 함께 흥미를 전해주어야 한다. 사람들이 설교에 귀를 기울이지 않는다면 진실인지 아닌지가 무슨 소용이 있겠는가? 그리고 흥미롭지 않다면 사람들은 귀를 기울이지 않을 것이 분명하다. 흥미로운 설교를 전할 수 없는 사역자는 결코 강대상을 위하는 사람이 아니다. 설교자의 첫 번째 의무는 관심을 끄는 것이며, 그것을 얻지 못하면 집으로 돌아가는 것이 낫다.

그리고 흥미로운 설교가 되려면 독창적이고, 생동감 있으며, 진지해야 한다. 2천 년 동안 수많은 사람들이 다루어서 낡고 진부해진 주제들을 전하는 그로서는 어떻게 하면 독창적일 수가 있을까? 기독교 신앙의 모든 교리는 평범한 것들이며, 기독교의 모든 가르침은 누구나 익히 알고 있는 것들이다.* 그렇다면 어떻게 해야 설교가 독창적일 수 있을까? 독창성은 설교를 전하며 사용하는 악센트 안에, 그리고 설교의 요소들이 한데 어우러져 일으킨 불길 안에, 그리고 설교자가 그 특정한 교회의 성도들을 위해 행한 진리의 적용 가운데 담겨 있다. 독창성을 가지고 설교하는 사람은 자기가 말하는 것에 대한 직접적인 지식을 갖고 있어야 한다. 그는 세상을 자신

---

*이 말이 오늘날에도 변함없는 사실이면 얼마나 좋을까? 그렇지만 어떤 경우이든, 독창성은 여전히 권장할 만한 것이다.

의 눈으로 직접 보아야 한다. 그리고 사람들을 직접 만나서 알아야 하며, 자기 마음과 자기가 이끄는 사람들의 마음속에 있는 죄악을 확실히 파악해야 한다. 또한 그는 그리스도인의 삶 가운데 존재하는 유혹과 승리 그리고 기쁨과 슬픔이 무엇인지를 알아야 한다.

우리가 책이라고 부르는 저수지에만 의지하지 않고 세상의 생명이 되는 샘물을 마시는 사람들은 모두가 독창적이다. 사람들과 한데 어울리고, 어린아이들과 함께 놀며, 자기 교회 안에 어떤 일들이 진행되고 있는지 아는 사람은 그 말에 생명력과 신선함이 있어서 사람들로 하여금 귀를 기울이지 않을 수 없게 만든다. 그의 생각에는 예리한 날이 서 있고, 그의 메시지는 살아 있는 듯 생생하다. 사전에서 세밀하고 생동감 넘치는 낱말들을 고른다고 설교 자체를 생생하게 만들 수는 없다. 생생한 설교는 살아 있는 마음으로부터 나온다. 열정이 있는 마음은 무딘 말들도 빛을 발하게 할 수 있다. 사역자가 자기 교회 안에서 벌어지고 있는 냉정함과 불공정을 직접 보지 않는다면 어떻게 그것들을 준엄하게 꾸짖을 수 있겠는가? 술집에 빠져 결국 지옥에까지 빠진 사람과 함께 일해보기 전까지는 어떻게 술을 판매하는 일을 혐오할 수 있겠는가? 죄에 대해 선포할 수 있게 해주는 것은 그것을 직접 경험해보는 것이며, 오래된 옛날 이야기를 들려주어 듣는 이의 마음에 불로 새겨질 수 있게 해주는 것은 그리스도와 직접 만나는 일이다.

일상적인 생활과 세상의 고통으로부터 거리를 두고 사는 사람도 감정과 사이비 열정은 흉내낼 수 있어도 그들의 설교에는 현실감이 부족하며, 회중들은 그 설교를 듣고도 아무 감동을 받을 수 없다. 어떤 사람이 설교자가 되기 위해서는 경험하려는 본성을 가지고 있어야 한다. 그는 자기가 맡은 사람들이 겪는 기쁨과 슬픔을 자신 안에서 되새길 줄 알아야 한다. 그는 그들과 함께 생각하고, 그들과 함께 느끼고, 그들과 함께 고난받고, 그들과 함께 기뻐해야 한다. 그렇게 될 때에만 비로소 복음이 그의 입술에서 능력과 함께 나오게 된다. 존 번연(John Bunyan)은 이렇게 말했다. "나는 내가 느낀 것을 선포한다." 그의 경험은 그의 설교의 바탕이었다. 그 경험은 그의 설교에 생명과 능력을 불어넣었다. 실제로 그 누구도 자신이 경험한 것, 즉 그의 안에서 그와 하나가 된 것 외에는 전할 수 없다. 이 때문에 사람들의 연약함을 참아주고, 자신의 마음 안에서 그들의 비극적인 삶이 구원받을 수 있게 하지 않는 사람은 최고의 설교자가 될 수 없는 것이다. 목자는 자기 양을 알아야 하며, 그렇게 될 때 그 양은 그를 알게 될 것이다.

5. 목자의 일은 사역자를 많은 실수와 착각에서 건져준다. 데니스 홈 로버트슨(Dennis Holme Robertson)은 이렇게 말하곤 했다. "우리를 사실과 실제와 만나게 해주고 미몽에서 깨어나게 해주는 것은 다름 아닌 가난한 사람을 찾아보는 것이다." 사역자의 삶은 그

를 진실을 왜곡시키는 세력가들에게 노출시키며, 그가 자기 자신을 건강하고 신선하게 유지하기 위해서는 일하는 사람들과 가까이 접촉해야만 한다. 오늘날 두 가지 독서가 특히 사람들을 잘못된 길로 인도하는데, 그것은 신문과 신학 잡지다. 전자는 졸속으로 만들어지며, 그 안에는 재미를 주는 이야기를 만들어내는 능력에 의해 급여가 결정되는 젊은 사람들이 만들어내는 내용들로 가득 차 있다. 보통의 신문들은 선정적이고, 과장되고, 균형이 맞지 않으며, 잘못된 시각에 사로잡힌 세상의 모습을 제공하고 있다. 세상은 보통의 신문들이 보여주는 것처럼 그렇게 나쁘거나 희망이 없는 정도는 아니며, 사역자는 자기가 맡은 교구 사람들과 가까이 접촉함으로써 신문이 보여주는 모습들을 바로잡을 필요가 있다. 어떤 목회자들은 그 설교가 지나칠 정도로 염세적이다. 사람들은 신문에서 주로 나쁜 것들을 보지만, 교구 안에서는 나쁜 것과 함께 좋은 것도 보는데, 자기가 본 그만큼 하나님께 감사하고 용기를 얻을 수 있다.

신학 잡지와 성경 비평에 관한 책들은 제한된 범위의 사람들에게 지대한 흥미를 끼치는 일련의 문제들을 다룬다. 이런 문제에 너무 많은 시간을 들이는 사역자는 그 의미를 지나치게 과장하여 강조하기 쉽다. 용감한 독일 교수가 주창한 최신 이론, 네델란드나 프랑스의 석학이 최근에 내놓은 고찰은 사역자가 보기에 엄청나게 커다란 것으로 비쳐지며, 만일 그가 보수적인 사람이라면 이런 새로운 믿음의 대적을 무찌르기 위해서, 그리고 혹시 그가 급진적인 사람이라면 이 새로 발견한 진리를 사람들에게 전달하기 위해서 거룩한 열심으로 자신을 불사른다. 만일 사역자가 신학 잡지 최근 호를 보고 몇 가지 새로운 해석에 열정적으로 흥분하거나, 몇 가지 조악한 성찰에 분개하게 되면 그로 하여금 자기가 맡은 사람들과 함께 산책을 하면서 그들이 이런 신학계의 폭풍우에 얼마나 관심이 없는지를 직접 보게 하라. 잡지에 실린 어리석은 내용들은 목회자가 사람들에게 말해주지 않으면 그들로서는 도무지 알 수가 없는 것들이다. 전통 교리가 무너질 것이라는 예보는 만일 목회자가 사람들에게 침묵을 지킨다면 그들에게 아무런 고통도 안겨주지 않을 것이다. 그럴듯하게 들리는 이론들이 지금 당장은 큰 힘을 얻을 수 있지만 앞으로 10년만 지나면 낡은 것이 되고, 만일 그가 강대상에서 그것들을 들추어내 분개하지 않는다면 신실한 사람들의 영혼을 방해하지 못할 것이다.

우리는 사역자가 자기 교인들은 한 번도 들어본 적이 없는 낯선 비평가를 완전히 뭉개버리고, 교인들은 생각조차 해본 적이 없는 이론의 허구를 입증하며, 6주 연속 설교를 통해 자기 교인들은 한 번도 걸려 넘어진 적이 없는 걸림돌을 치우기 위해 갖은 노력을 다하는 모습을 보면서, 아무리 좋은 사역자라도 사람들의 삶보다는 신문이나 잡지를 더 많이 읽게 될 때 얼마나 어리석어질 수 있는지를 너무도 생생히 보게 된다. 잡지와 서적은 그것 나름대로의 의미가 있지만, 어떤 사역자들은 그런 것들로 인해 망가질 수 있다. 그들은 하나님이 자기에게 맡기신 사람들보다는 외국에 사는 이름 모를 몇몇 책벌레에게 더 많은 관심을 기울인다.

사역자는 주일에 전하는 설교의 범위를 확장시키기 위해서 자기가 맡은 사람들의 수준을 높일 필요가 있다. 설교자의 일은 설득하는 것이다. 그는 강요하거나 몰아붙일 수 없으며, 오직 유인하고 간청할 수만 있다. 일의 성공은 그의 메시지가 얼마나 매력 있느냐 뿐 아니라 듣는 이들이 어떠한 마음가짐을 갖고 있느냐에 의해서도 좌우된다. 만일 청중들이 냉담하거나, 의심을 품거나, 아니면 비판적이 되면 그는 무슨 말을 하더라도 사람들을 설득하기가 힘들 것이다. 만일 청중들이 설교자를 너그럽게 대한다면 그들의 마음문이 열리고, 그가 전하는 진리가 쉽게 그 안으로 들어갈 수 있을 것이다. 설교자가 사람들과 한데 어울림으로써 그들로 하여금 자신이 어떤 사람인지 확신하게 하고, 자신이 굳세면서도 다정다감한 마음을 갖고 있음을 느끼게 하는 것은 시간을 낭비하는 일이 아니다. 사람들의 마음에 응답하는 자세를 심어주고, 그들로 하여금 친근하고 온화한 태도를 갖추게 하는 것은 사역자가 목

> 설교자가 사람들과 한데 어울림으로써 그들로 하여금 자신이 어떤 사람인지 확신하게 하고, 자신이 굳세면서도 다정다감한 마음을 갖고 있음을 느끼게 하는 것은 시간을 낭비하는 일이 아니다.

자로서 행하는 일로, 그들이 사역자가 전하는 메시지를 선지자의 말처럼 받아들일 수 있게 하는 것이다. 선지자의 일은 전달하는 것, 곧 메시지를 다른 사람들에게 전하는 것이다.

한 사람에게서 다른 사람에게 진리가 전해지는 데 있어서 무엇보다 중요한 것이 두 가지가 있다. 첫 번째는 설교자 자신이 그 진리를 확실하게 파악하고 있어야 한다는 것이고, 두 번째는 청중들 역시 그 진리를 확실하게 파악해야 한다는 것이다. 청중들이 진리를 확실히 파악하게 할 수 있으려면 설교자가 청중들의 정확한 상태를 알고 있어야 한다. 보물들은 어둠 속에 거하는 사람들에게는 안전하게 전해질 수 없다. 설교자가 전달하는 진리는 그것을 받은 사람에게서 멈추는 것이 아니라 또다시 전달되어야 한다. 청중들이 설교자의 설교를 다른 사람들에게 반복해서 들려주지 않는다면 그 설교자는 최상의 성공을 거둔 것이 아니다. 사람들이 설교자의 설교를 다시 전달할 때 설교자의 능력은 백배나 증가한다. 그런데 사람들은 그 설교를 자신이 좋아하는 사람들에게만 다시 들려줄 것이다. 그들은 자신을 사랑하지 않는 사람을 사랑하려 하지 않으며, 만일 사역자가 사람들과 거리를 둠으로써 사람들을 좋아하지 않는 모습을 보인다면, 그들은 그의 설교를 열심히 전하지 않을 것이다. 사랑하는 사람들은 자신이 사랑하는 사람의 말을 다시 전하기를 기뻐하는 법이다.

유대인들이 제사를 드릴 때 대제사장은 각각 이스라엘의 열두 지파를 상징하는 열두 개의 보석이 한 줄에 세 개씩 네 줄로 박힌 아름다운 흉패를 착용했다. 이런 식으로 대제사장이 자신의 공적인 사역을 수행할 때 모든 백성이 그 앞에 자리하게 되었다. 이상적인 설교자는 자기가 맡은 모든 사람들을 자기 마음에 담지 않고서는 강대상 앞에 서지 말아야 한다. 한 러시아의 성자는 하나님의 임재를 훈련하는 법과 관련된 내용을 기록했다. 그런데 제2권의 내용에서는 사람들의 임재에 관한 훈련을 기록했다. 설교자에게 있어서, 후자는 전자 못지않게 중요한 것이다. 만일 설교자가 자기 눈앞에 있는 형제들에게 말하기를 좋아하지 않는다면, 자기 앞에 있지 않은 사람들에게 말하는 것도 적합하지 않은 것이다.

목자에게 주어지는 네 번째이자 가장 귀한 상급은 영적 성장이 크게 증진된다는 것이다. 성품이야말로 모든 보물 가운데 가장 커다란 것이며, 성품은 행동으로 세워지는 법이다. 그의 사람됨이 어떠한지를 결정하는 것은 다름 아닌 그가 행하는 것이다. "성품은 세상의 흐름 속에서 형성되어진다." 사역자의 성품은 교회 생활이라는 흐름 속에서 형성된다. 그의 개성을 형성하고 그의 성향을 만들어가는 것은 그가 읽는 책이 아니라 그가 행하는 것들이다. 그의 마음을 가장 풍요롭게 하고 그의 영혼을 가장 순수하게 만드는 것은 선지자로서 그가 전하는 메시지가 아니라, 목자로서 그가 행하는 일들이다. 목자에게 주어지는 상급은 그가 선한 목자이신 주님과 더욱 닮아가는 것이다. 그는 영광에서 영광으로 주님의 영과 같은 모습으로 변화된다. 사람들을 지켜주고, 보호하며, 인도하고, 치료하며, 구해주고, 먹여주는 사역자는 그 일을 통하여 구세주의 덕목과 은혜가 증진된다. 40년 혹은 50년 동안 성실하게 목자의 사역을 감당한 사람보다 더 아름다운 노년을 간직한 성자가 누구이겠는가? 하나의 별은 다른 별들과 그 영광이 다르며, 마찬가지로 성도의 모습 또한 다른 이들과 다르다. 사람들이 알고 있는 성품 가운데 부드러운 마음, 아름다운 영혼 그리고 그리스도를 닮은 정신 외에 그 어떤 성품이 목자인 성자의 성품보다 뛰어날 수 있겠는가?

  목자의 삶은 모든 느낌의 중추에 예민한 감각을 키워준다. 동정심은 넓어지고 마음은 확장되어 애초에 마음이 닫혀 있던 계층도 받아들이게 된다. 설교하는 일에는 사람을 참을 수 없게 만드는 무언가가 존재한다. 그래서 설교자로 하여금 자신이 진리라고 생각하는 그것에 충성함으로써 그 진리를 받아들이지 않으려 하는 사람들을 향하여 마음을 닫게도 한다. 기독교 역사를 보면 진정으로 하늘로부터 메시지를 위탁받았지만, 진리를 향한 불일듯한 헌신으로 인해 자신에게 동의하지 않는 사람을 향하여 그 마음이 닫힌 사람이 보여주는 안타까운 참상이 계속 반복되고 있다. 목자의 일은 언제나 마음을 부드럽게 하고 넓히는 것이다. 양들과 함께 일하고,

아픈 자를 보살피며, 잃어버린 이들을 구하고, 굶주린 자를 먹이는 이 모든 일들은 동정심의 폭을 넓히고, 다른 사람들의 삶 가운데로 더 온전히 들어갈 수 있도록 도와준다. 신실한 삶을 사는 목자는 그 판단이 온화하고 모든 계층의 사람들에게 너그러운 관용을 베푼다.

목자는 인내 가운데 성장한다. 살아 있는 동안 그가 하는 일은 그의 인내력을 심할 정도로 요구하지만, 그들은 그 소명에 응답한다. 목자의 일은 방해, 성가심, 실망으로 가득한 것이지만, 이런 것들은 그의 영혼에 시련을 가하여 정금같이 나오게 만든다. 초창기의 허둥대던 조급함은 침착한 신중함에 자리를 내어주고, 젊은이의 안절부절 못하는 충동은 침착한 인내심으로 바뀐다. 다른 사람과 함께 일하는 사람은 어머니의 인내심 같은 것을 얻게 된다. 그래서 얼마나 많이 실패했는가로 인해 기가 죽지 않으며, 명백해 보이는 패배에도 굴하지 않는다. 만일 열아홉 번의 시도로도 충분하지 않다면 기꺼이 스무 번째 다시 도전할 것이다.

겸손의 미덕은 목자의 노고로 말미암아 물을 만나고 활짝 피어나게 된다. 설교자로서의 사역자는 우쭐하고 싶은 유혹을 받기 마련이다. 만일 그의 설교가 빼어나다면 그의 이름은 종종 신문지상에 오르내릴 것이다. 목자로서의 사역자에게는 그런 유혹이 없다. 청중들은 그에게 박수갈채를 보내지 않는다. 그가 기울인 수고들은 신문에서 잘 다루어주지 않는다. 강대상에 선 설교자가 자신의 실수를 의식하는 경우는 많지 않다. 그 대신 회중 가운데 몇몇 사람이 영구히 도움을 받을 수 있다는 희망의 가능성은 늘 존재한다. 그렇지만 개인들과 함께 일하는 목자는 늘 실수와 마주친다. 인도자인 그는 자신의 조언이 무시되고 거절을 당하기도 한다. 의사로서는 영혼의 질병을 고치지 못하여 좌절하기도 한다. 구원자로서 잃어버린 자기 양을 찾아오지 못하는 실패를 하기도 한다. 그의 마음에는 자신이 이룬 일들에 대한 기쁨이 존재하지만, 또한 자신이 실패한 일들에 대한 중압감도 존재한다. "슬프지만, 언제나 기쁘다." 이보다 더 목자의 삶을 적절하게 묘사하는 말은 없다. 그는 항상 하나님 앞에 엎드리게 된다. 어떤 이들은 악의 신속한 종말을 꿈꾸고, 다른 이들은 법률의 제정을 신뢰하는 반면, 목자는 죄의 능력이 어떠한 것인지 알고 하나님의 도우심 외에는 다른 방법이 없다는 것을 분명히 인식한다. 그는 악의 세력과 정면으로 싸우다 진흙탕 속에 빠지기도 한다. 더구나, 그의 일은 결코 끝이 없다. 설교자는 자신의 설교를 선포하고 그것으로 자신의 임무가 끝났다고 생각할 수 있다. 그는 한 해 동안 자신에게 부여된 설교의 횟수를 계산하고, 그 숫자가 적힌 시간에 맞추어 설교를 할 수 있다. 그러나 목자의 일에는 제한이 없다. 그는 천 가지 일을 한 다음에도 여전히 해야 하는 또 다른 천 가지 일을 생각해낼 수 있다. 그는 최선을 다한 다음에 자신이 무익한 종이라고 고백하는 마음에 사로잡힌다. 목자의 일은 결코 끝이 없다.

사람들을 그들의 죄로부터 구해내기 위해 일하는 이들에게 죄의 수수께끼는 갈수록 더욱 불가사의해지며, 헤아릴 수 없는 죄의 능력을 더 깊이 깨달을수록 목자로 하여금 그리스도 안에서 더욱 하나님만 의지하게 만든다.

> 그러나 목자의 일에는 제한이 없다. 그는 천 가지 일을 한 다음에도 여전히 해야 하는 또 다른 천 가지 일을 생각해낼 수 있다.

믿음은 한층 더 깊은 의미를 지닌다. 그는 소수의 사람만이 깨닫고 있는 바, 믿음으로 걷는 것이 필요하다는 사실이 무엇을 의미하는지 이해한다. 그는 또한 왜 바울이 믿음을 투구로 불렀는지 알게 된다. 왜냐하면 소망이 없으면 그 싸움 속에서 자신의 머리를 온전히 유지할 수 없기 때문이다. 그는 그리 많지 않은 사람만이 알고 있는 바, 그리스도의 사랑의 길이와 넓이와 높이와 깊이를 알게 된다. 그는 그 의미를 올바로 알고 있는 사람이 너무도 적은, 바울이 남긴 다음과 같은 불후의 명언을 이해한다. "사랑은 오래 참고 사랑은 온유하며 시기하지 아니하며 사랑은 자랑하지 아니하며 교만하지 아니하며… 모든 것을 참으며 모든 것을 믿으며 모든 것을 바라며 모든 것을 견디느니라"(고전 13:4, 7). 신실한 목자가 반드시 견뎌야 하는 일들은 많이 있는데, 그는 십자가에 못 박힐 때 예수님과 함께 이렇게 기도한다. "아버지 저들을 사하여 주옵소서 자기들이 하는 것을 알지 못함이니이다"(눅 23:34). 신실한 목자는 그리스도의 죽음과 친숙하여짐으로써 그분의 고난에 동참하게 된다.

어떤 이는 학생이자 학자이고, 지혜가 담긴 무게 있는 책을 쓰면서도 겟세마네의 의미를 전혀 알지 못할 수도 있다. 어떤 이는 불같은 사상을 황금의 언변으로 풀어내는 천재적인 능력을 갖고 있는 혀를 통하여 사람의 마음을 전율시키면서도 십자가의 의미는 전혀 깨닫지 못할 수도 있다. 그러나 목자가 되어 사람들을 목양하는 일에 자신의 삶을 드린 사람은 그 즉시 예수님이 받으신 그 세례를 받고, 예수님이 드신 그 잔을 마시기 시작하게 된다. 서재에서 나와 타락하고 피 흘리고 절반쯤 죽게 된 사람 옆에 서기 전까지는 간고를 경험하고 질고를 아는 자가 되지 못한다. 만일 그리스도를 닮는 것이 모든 특권 가운데 가장 귀한 것이라면 그 특권은 무엇보다 목자에게 속하는 것이다.

이것이 바로 그가 맡은 양이 아무리 많거나 적거나 상관하지 않고 모든 목자에게 주어지는 상급이다. 세상에 목자와 성도가 자랄 수 있는 공간을 제공해주지 못할 정도로 작거나 보잘것없는 교회는 존재하지 않는다. 스위스 출신의 감리교 목사 존 플레처(John Fletcher)는 영국의 매들리(Madeley)라는 작은 마을에서 25년간 목회자로 사역했으며, 그곳에서 그 이름이 오랫동안 아름답게 전해질 성자로 성장했다. 옥스퍼드 출신의 뛰어난 학자인 존 키블

(John Keble)은 허슬리(Hursley)라는 작은 마을에서 30년간 목회자로 사역하는 동안 그 조용한 시골 마을에서 예수님과 같은 사람으로 성장했고, 많은 이들은 그를 자신이 알고 있는 가장 거룩한 사람이라고 칭송했다.

하나님은 상급을 나누어주실 때 사역자에게 그가 맡고 있는 교회의 크기를 묻지 않으시며, 오직 그가 자기 일을 하면서 어떤 마음을 가졌는지만을 물으신다. 그리스도의 양 떼를 치는 모든 이들에게는 완전한 목자이신 예수님을 닮아 성장한다는 특권이 주어진다. 어떤 이들은 커다란 교구로 인해 파멸에 이르지만, 또 다른 이들은 작은 교구로 인해 넘어진다. 높은 지위가 위험하듯이 비천한 지위도 마찬가지다. 명성이 자자한 교회는 사역자를 교만하게 만들 수 있지만, 미미한 교회 역시 같은 일을 할 수 있다. 보잘것없는 교회의 사역자는 자신의 희생을 깊이 인식하고 있고 그 점에 대해 자주 이야기할 수도 있다. 자신의 희생을 깊이 인식하고, 그것을 자주 입에 올리는 사람은 주님의 성품을 본받는 성도가 아니다. 높은 자리에 있으면서 공허해하고 질투하고 불만스러워하는 사람이 있으며, 낮은 자리에 있으면서 마찬가지로 불행한 마음을 갖고 있는 사람도 있다. 상승하고자 하는 꿈이 이루어지지 않았기 때문에 쓰린 영혼을 가진 사역자, 더 크고 더 훌륭한 양 떼의 목자가 되도록 허락받지 못했기 때문에 불만으로 가득한 삶을 사는 사역자는 진정으로 불쌍한 사람이다.

자신이 어디에 있든지, 혹은 자신의 임지가 아무리 힘들거나 보잘것없다 해도 선한 목자의 자취를 따를 수 있고, 마침내 영광의 면류관을 얻을 수 있는 길이 열려 있다는 것은 모든 사역자에게 위로가 된다. 한 신실한 시골 교회 목회자가 이런 글을 남겼다.

가장 가까이에 있는 일을 하게.
비록 그것이 가끔씩 어리석어 보여도.
어려운 처지를 당한 사람을 만나면
그들을 도와주게.
모든 울타리에서
천사의 발길을 보고,
우리 발 밑에 놓인 자갈마다
한 편의 시를 보게.

마침내 우리는 최고의 상급, 곧 예수 그리스도와의 영원한 교제 그리고 그분의 영광에 영원히 참석할 수 있게 되었다. 목자장의 영광이 무엇이든 우리 보조 목자들은, 성실히 자기 임무를 수행했다면 그것을 함께 나눌 수 있다. 그분은 전에도, 지금도 이렇게 기도하신다. "아버지여 내게 주신 자도 나 있는 곳에 나와 함께 있어 아버지께서 창세 전부터 나를 사랑하시므로 내게 주신 나의 영광을 그들로 보게 하시기를 원하옵나이다"(요 17:24). 그 영광이 어떤 것인지 지금의 우리로서는 알지 못하지만, 장차 알게 될 것이다. 바울은 그것을 "의의 면류관"이라고 불렀다. 베드로는 그것을 "영광의 면류관"이라고 불렀다. 예수님은 그것을 "기쁨"이라고 부르셨다. 예수 그리스도의 삶을 함께한다는 개념은 바울이 자신이 받은 모든 고난 가운데 붙들고 있던 바로 그것이었다. 그는 로마 감옥 안에서 이런 말을 반복해서 되뇌었다. "만일 우리가 그분과 함께 죽는다면, 또한 그분과 함께 살 것이다. 만일 인내한다면 그분과 함께 다스릴 것이다." 이 기대는 바로 예수님이 친히 하신 말씀에 근거한 것이다. 예수님은 배반당하시던 날 밤 기운이 빠지고 의기소침해진 목자들에게 이렇게 말씀하셨다. "내가 너희를 위하여 거처를 예비하러 가노니 가서 너희를 위하여 거처를 예비하면 내가 다시 와서 너희를 내게로 영접하여 나 있는 곳에 너희도 있게 하리라"(요 14:2-3).

밧모섬에 유배된 요한은 폭풍우가 휘몰아치는 세상 가운데 뿔뿔이 흩어진 채 바람 앞의 촛불과 같은 회중들을 돌아보면서도, 현재 진행되고 있는 비극과 재앙에 조금도 위축되지 않고 오히려 폭풍우와 천둥소리를 뚫고 들려오는 주님의 음성에 귀를 기울였다. "이기는 그에게는 내가 내 보좌에 함께 앉게 하여 주기를 내가 이기고 아버지 보좌에 함께 앉은 것과 같이 하리라"(계 3:21).

목자, 목사

1쇄 인쇄 2009년 10월 15일
1쇄 발행 2009년 10월 25일

지은이 찰스 제퍼슨
옮긴이 김창동
펴낸곳 주)도서출판 디모데〈파이디온 선교회 출판 사역 기관〉

등록 2005년 6월 16일 제319-2005-24호
주소 서울 강남구 개포동 1164-21 파이디온 빌딩
전화 마케팅실 02)574-2630
팩스 마케팅실 02)574-2631
홈페이지 www.timothybook.com

값 10,000원
ISBN 978-89-388-1445-6
Copyright ⓒ주)도서출판 디모데 2009 〈Printed in Korea〉